"中华老字号"

服饰品牌传承与创新

白玉苓 赵洪珊◎编著

中国纺织出版社

内 容 提 要

本书以品牌价值和品牌文化理论为基础，以"中华老字号"服饰品牌为研究对象，对老字号品牌的发展历程进行梳理，归纳品牌特征，并结合当前经济、社会、文化以及互联网科技发展的新要求，从营销视角提出品牌文化传承和创新策略。本书理论结合实践，突出新时代背景下服饰老字号的新特征，强调服饰老字号的营销实务与操作。在当前我国大力提倡传统文化复兴、传承品牌工匠精神的背景下，针对"中华老字号"的研究具有一定的理论价值和应用价值。

图书在版编目（CIP）数据

"中华老字号"服饰品牌传承与创新 / 白玉苓，赵洪珊编著. -- 北京：中国纺织出版社，2019.3（2025.1重印）

ISBN 978-7-5180-5517-3

Ⅰ. ①中… Ⅱ. ①白… ②赵… Ⅲ. ①服装—老字号—企业发展—研究—中国 Ⅳ. ①F426.86

中国版本图书馆CIP数据核字（2018）第241296号

策划编辑：苗 苗 郭慧娟　　责任编辑：苗 苗
责任校对：寇晨晨　　　　　　责任印制：王艳丽

中国纺织出版社出版发行
地址：北京市朝阳区百子湾东里A407号楼　邮政编码：100124
销售电话：010—67004422　传真：010—87155801
http://www.c-textilep.com
E-mail:faxing@c-textilep.com
中国纺织出版社天猫旗舰店
官方微博http://weibo.com/2119887771
北京虎彩文化传播有限公司印刷　各地新华书店经销
2019年3月第1版　2025年1月第2次印刷
开本：185×245　1/16　印张：13
字数：213千字　定价：38.00元

前　言

　　近些年来，中国经济加速发展，综合国力不断提高，人们对本民族文化的认同感和文化自信越来越强。以"中华老字号"为代表的国货品牌正在市场上强势回归，其中，老字号服饰品牌也正发出声音，重回市场。

　　2017年1月，中共中央办公厅、国务院办公厅印发了《关于实施中华优秀传统文化传承发展工程的意见》，提出全面复兴传统文化的重大国策。其中任务之一是实施"中华老字号"保护发展工程，支持一批文化特色浓、品牌信誉高、有市场竞争力的"中华老字号"做精做强。

　　实际上，国家及相关部门近些年来出台了一系列的政策措施来支持老字号的发展。同时，为老字号诊断号脉和出谋划策的学术研究也不少见。作为优秀民族品牌和传统商业文化的集中代表，老字号承载了国家、社会和人们的厚望。在当前中华文化全面复兴的背景下，重温老字号品牌的发展，激发唤醒老字号的生机活力，实现从老字号到现代品牌的转变，发挥优秀品牌的引领作用，对推动"中国制造向中国创造转变、中国速度向中国质量转变、中国产品向中国品牌转变"具有很强的时代意义。

　　但是，由于主客观原因，很多老字号品牌面临市场萎缩，发展滞后，甚至日渐淡出人们的视野的困境。如何传承老字号的传统，开发老字号品牌的价值，如何进行品牌创新，探索、挖掘老字号品牌建设的有效路径和方法都是目前需要解决的关键问题。

　　不可否认，中国是全球第一大服装生产国和消费国，但中国缺乏世界级服装品牌，或许中国服装品牌与外国服装品牌产品质量差别并不大，甚至在服装设计上也并不逊色，但在品牌竞争力和品牌影响力方面确实存在差距。从服装大国向服装强国的转变，塑造品牌将是重中之重。有历史、有传统、有文化的老字号品牌可以发挥一定的作用。

本书基于营销理论、品牌管理理论，探索"中华老字号"品牌传承和创新问题，论证分析品牌文化与文化传承、品牌价值和品牌创新的内容、表现以及关系，并以"中华老字号"服饰品牌为例，选取有代表性的品牌进行个案研究，总结并提出针对性的品牌创新路径。

本书的写作，参阅了有关著作和论文，吸收了多方面的研究成果，书中案例资料来自对案例品牌的调研，并结合相关的二手资料整理完成。在此谨对相关专家、学者以及所涉及的企业表示诚挚的感谢。

老字号品牌的复兴，并非只是唤起人们对老字号的那份情结，在残酷的市场竞争面前，情结只能是一种让人回味的美好记忆而已。老字号需要保持在市场定位、产品研发、渠道构建、品牌提升等多方面具有竞争力，才能真正引起消费者的共鸣。希望具有中华优秀传统文化的老字号品牌能够早日跻身世界品牌之强，期待老字号服饰品牌能够在国际服装舞台上绽放光彩。

本书是北京市社会科学基金研究基地项目"北京服饰类'老字号'营销创新策略研究"（编号16JDGLB034）的研究成果和北京工商大学首都流通业研究基地开放课题研究基金项目资助（编号JD-KFKT—2017-04）的阶段成果。同时，本书的研究是北京市教委社科重点项目"时尚消费的符号价值与服装品牌营销模式构建研究"的部分研究成果。在此，一并表示衷心的感谢。

由于水平、时间所限，本书在撰写过程中难免出现疏漏甚至错误，真诚欢迎读者批评指正。

白玉苓

2018年5月北京

目 录

c o n t e n t s

目 录

c o n t e n t s

目 录

c o n t e n t s

目 录

c o n t e n t s

目 录

c o n t e n t s

目 录

c o n t e n t s

中华老字号
China Time-honored Brand

第一章　老字号的历史与现状

第一节 相关概念

一、字号和老字号

（一）字号是什么

一个企业要经营，首先应该有一个名称，例如"可口可乐""百事可乐"等，这些名字帮助消费者识别商品，也有助于经营者的管理。简单地说，这些企业的名称可以称为"字号"。

在我国，国家工商行政管理总局在《企业名称登记管理实施办法》中对企业名称有多种规定。例如：企业名称有四个要素，包括行政区划、行业、组织形式、字号，其中前三个要素属于共有的要素，而字号是可以独占的要素，因此，字号是区别不同企业的主要标志。例如：上海A服装服饰有限公司，其中上海（行政区划）+A（字号）+服装服饰（行业或者经营特点）+有限公司（组织形式），其中，A就是该企业的"字号"。由此，可以说"字号"是企业名称中的一个核心要素，是企业名称中最显著和最重要的组成部分。又根据我国《企业名称登记管理规定》，字号等同于商号，是企业名称的核心部分，只有字号才具有识别功能，是一个商事主体区别于另一个商事主体的标志。因此，字号又可以称商号。只是字号和商号使用的领域有所差异，在我国的民法领域中称之为字号，而在商法领域中广泛称为商号。

字号是随着商业活动的出现而出现，在旧时，"字号"是人们用来统称各种商店、客栈、钱庄等的名称或招牌。我国明清时期的小说中关于字号的描述很多。例如：清朝小说《老残游记》第三回中记载："即到院前大街上找了一家汇票庄，叫个日升昌字号，汇了八百两寄回江南徐州老家里去。"小说《官场现形记》第三十一回也有记载："而且他南京有卖买，上海有卖买，都是同人家合股开的。便有他现在南京一爿字号里做挡手的一个人，其人姓田，号子密，是徽州人。"可见，使用"字号"在当时人们的生活中非常普遍。如今，我们提到的老字号大多数是明清时期留存下来的。

　　不同的"字号"提供的产品和服务不同，在人们生活中发挥重要的作用，成为不同社会时期城市中街头巷尾的一道风景，与人们的生活密切相关，反映了不同时期的社会、经济或文化特征。

　　宋朝画家张择端的《清明上河图》描绘了北宋时期都城东京（今河南开封）以及汴河两岸的自然风光和繁荣景象，从画面上可以看到人口稠密，商船云集，字号林立。画面中有的人在茶馆休息，有的在看相算命，有的在饭铺进餐。整幅画面中以高大的城楼为中心，两边的屋宇鳞次栉比，有茶坊、酒肆、脚店、肉铺、庙宇、公廨等。仔细看会发现商店中有绫罗绸缎、珠宝香料、香火纸马等的专门经营，此外还有医药门诊、大车修理、看相算命、修面整容，囊括各行各业。大的商店门首还扎"彩楼欢门"，悬挂市招旗帜，招揽生意。街市行人，摩肩接踵，川流不息，把一派商业都市的繁华景象绘色绘形地展现于人们的眼前。

　　图1-1是《清明上河图》中呈现的一家匹帛铺，这家店竖牌和横额写有"王家罗锦疋帛铺"（"疋"通"匹"），这个"王家罗锦疋帛铺"就是一个字号。画面中长长的柜台对面一排长凳，几位顾客正在挑选锦罗绸缎。人们还可以从画面中找出酒楼、纸马铺、卦肆、肉店、旅馆、药店、饮品店等的招牌或牌匾，可谓五花八门、应有尽有。时至今日，人们通过这些店铺和字号，了解了当时人们的日常生活，一千多年前北宋首都开封的市井风情跃然纸上。

图1-1　《清明上河图》中的字号——"王家罗锦疋帛铺"

（二）老字号

在我国漫长的商业活动历史中，"字号"被人们普遍地使用。

那些历史悠久，被百姓认可，在市场竞争中留下来的字号，就成为享有社会盛誉的老字号。可见，老字号是从历史、从时间的角度，指那些具有多年的发展史，并且至今仍然存在的字号。

在孔令仁、李德征等（1998）主编的《中国老字号》中"老字号"概念泛指1949年以前创办的中国民族资本企业，涉及全国大多数地级以上城市，包括工、商、饮食服务、医药、文化交通运输等行业。

有的学者对"老字号"的特征、定义和分类进行了归纳，指出"老字号"应具备历史性、优质性、信誉性、民族性与文化性五个特征，并将"老字号"界定为长盛不衰的"老牌子"，主要包括历史名店、传统名优特产品牌和特殊的老招牌三种类型。

由于历史和环境的变迁以及自身经营的原因，现存的老字号的发展总体来看不容乐观，只有少数老字号市场表现较为活跃，有的老字号甚至已经退出市场。据考证，我国最古老的"中华老字号"是始建于1377年的山西太原老字号"益源庆"。"益源庆"是一家有名的酿醋企业，据说是明太祖朱元璋之孙晋恭王朱棡之五子朱济焕的王府作坊，距今已经有641年的历史，见图1-2。另外，北京的"中华老字号"鹤年堂始建于1405年，永安堂始建于1410年，便宜坊烤鸭店始建于1416年（明朝永乐十四年），这些老字号至今都有超过600年的历史（图1-3）。

不同时期的老字号就像"历史的名牌"，凭借其商品和服务的优质性、独特性和良好的信誉而确立，凝聚了浑厚的历史底韵和博大精深的文化内涵。因此，今天人们提到"老字号"是人们对过去字号现象的描述，是一个专有名词。其实，从广义上来说，老字号远不局限于古老的企业名称了，还包括其丰富的历史、文化、工艺、设计等。

图1-2　创立于1377年的老字号"益源庆"

图1-3　创立于1416年的老字号"便宜坊"

在国外的管理学研究中，并没有特定的"老字号"的提法，一般把历史久远、有影响力的品牌可以称为 Old Brand（老品牌）或 Known Brands（知名品牌）或 Heritage Brand（传统品牌）等。我国一般把老字号翻译为 History Brand 或者 Time-honored Brand，例如，中华老字号的英文翻译为 China Time-honored Brand。

二、中华老字号及其认证

（一）中华老字号的概念

中华老字号（China Time-honored Brand）是指历史悠久，拥有世代传承的产品、技艺或服务，具有鲜明的中华民族传统文化背景和深厚的文化底蕴，取得社会广泛认同，形成良好信誉的品牌。

1990年，原国内贸易部开始中华老字号认定工作，北京同升和鞋店、北京同仁堂（集团）有限责任公司等1600余家老字号企业被授牌。

2006年11月，商务部重新认定第一批中华老字号，总计数量有430家，并且商务部还发布了关于实施"振兴老字号工程"的通知，宣布开始在全国范围内实施"振兴老字号工程"，为获得中华老字号称号的企业或品牌授予牌匾和证书。

2007年，商务部关于继续开展"中华老字号"认定工作，结合第一批"中华老字号"认定工作中的经验，又提出了三条规则：

第一，严格审核把关。在组织企业申报过程中，各地商务主管部门要开展申报培训，加强对企业材料申报的指导，严格核实申报单位名称、营业执照、组织机构代码证、注册商标证明的一致性，指导企业详细准备有关企业传承、文化特色、独特产品或技艺、社会荣誉等有关情况的描述和有效的证明性材料，要求描述清晰、证据充分、不存在争议。

第二，深入开展普查。在2006年老字号普查的基础上，各地商务主管部门要继续开展老字号普查工作，了解老字号经营状况和发展中的问题，记录老字号史料。

第三，做好监督管理。对商务部已认定的第一批"中华老字号"企业，各地商务主管部门要加强联系指导，密切关注企业的经营情况，掌握企业的重大变动情况，及时了解企业面临的问题和困难，积极协调有关部门帮助解决，并及时向商务部报告。

2010年，商务部再次认定北京红螺食品有限公司等企业（品牌）为"中华老字号"。这些老字号涉及全国多个省、自治区、直辖市，覆盖面较为广泛，涉及的行业主要分布于食品加工、餐饮住宿、医药卫生、社会服务、商业经营、其他行业六大类，其中其他行业包括金玉首饰、服装鞋帽、手工艺、生产制造业等。

总体来看，在新中国成立初期，我国有"老字号"一万多家，涉及食品、餐饮、医药、零售、烟酒、服装等行业。到1990年原国内贸易部认定"中华老字号"时，数量已经减少到1600多家。目前，经商务部2006年和2010年两次认定的中华老字号企业共1128家，全国几乎各省（直辖市、自治区）都有中华老字号。其中，全国数量最多的中华老字号地区是上海，有180家，以下依次为北京117家（见附录一），江苏96家，浙江91家，山东和天津各66家，广东57家等，这些中华老字号企业主要业务范围为食品药品和餐饮业，合计占比60%以上，平均有160多年的历史。

（二）中华老字号图形标识

如图1-4，从"中华老字号"的图形标识图的设计可以看出，外形设计的轮廓依据中国印章造型进行设计，巧妙地连接成两个汉字"字""号"的组合，"字""号"图形贴切地表达出中华老字号的意义。"字""号"是紧密结合，自成一体的，显示出中华文化的博大精深，也预示着传统文化的魅力在现代社会的旺盛活力。金石篆刻的手法显示出老字号的历史感，突出其久远悠长的韵味和时间积淀。总体来看"字""号"图形上下融会贯通，体现出了商业流通与老字号之间共同影响发展的美好前景。

（三）中华老字号的认定条件

商务部设立"中华老字号振兴发展委员会"（以下简称振兴委员会），全面负责"中华老字号"的认定和相关工作。中华老字号振兴发展委员会下设秘书处、专家委员会。秘书处设在商务部流通发展司，负责振兴委员会的组织、协调和日常管理工作。专家委

图1-4 "中华老字号"的牌匾及证书图样

员会由各行业专家、法律专家、商标专家、品牌专家、企业管理专家、质量专家、历史学家等组成，主要负责"中华老字号"的评审，并参与相关工作的论证。

根据商务部的相关规定，申请成为中华老字号需要满足以下条件：

（1）拥有商标所有权或使用权。

（2）品牌创立于1956年（含）以前。

（3）传承独特的产品、技艺或服务。

（4）有传承中华民族优秀传统的企业文化。

（5）具有中华民族特色和鲜明的地域文化特征，具有历史价值和文化价值。

（6）具有良好信誉，得到广泛的社会认同和赞誉。

（7）国内资本及港澳台地区资本相对控股，经营状况良好，且具有较强的可持续发展能力。

（四）中华老字号的申请认定程序

按照商务部的规定，具备"中华老字号"认定条件的单位，向所在地市级商务主管部门申报，并由省级商务主管部门（含计划单列市商务主管部门）审核后报振兴委员会认定。程序包括：提出申请、资料提交、调查鉴别、认定评审、公示、做出决定、复核、注册存档、核发证书等。具体步骤如下：

（1）提出申请：有关单位根据自身情况填写申报表，并报所在地市级商务主管部门。

（2）资料提交：所在地市级商务主管部门对提交的申请进行初评，确认申请有效的，指导申报单位按照规定格式提交有关资料，并报所在省级商务主管部门。

（3）调查鉴别：省级商务主管部门组织有关机构、专家对申报单位提交的资料进行调查与鉴别，并提出初步评估意见报振兴委员会。

（4）认定评审：振兴委员会组织专家对资料进行分析，必要时对有关内容进行现场调研，提出评审意见，撰写认定报告。

（5）公示：在有关媒体公示拟认定为"中华老字号"的企业和品牌名单，任何单位或个人对名单有不同意见的，均可向振兴委员会提出异议。

（6）做出决定：拟认定为"中华老字号"的企业和品牌在公示期间无异议或者异议不成立的，由振兴委员会做出决定，认定为"中华老字号"。

（7）复核：申报单位对认定结果有异议的，可向振兴委员会提出复核，复核结果在接到复核申请后30天内做出。

（8）注册存档：认定过程涉及的所有资料均由振兴委员会存档保留，并负责管理。

（9）核发证书：对通过认定的"中华老字号"以商务部的名义颁发牌匾和证书。

需要说明的是，除了原国内贸易部和商务部认定的"中华老字号"之外，实际上，我国不同的省、市、自治区或省内各市等均开展了老字号的认定工作。例如，北京市有地方老字号151家（见附录二），浙江省不同管理机构认定的老字号有169家，分布在杭州、绍兴、宁波、温州、金华、湖州、嘉兴等。因此，各省市有"浙江老字号"或"山东老字号"或"济南老字号"或"广东老字号"等。这些老字号的认定主体不同（当地商会或协会）、认定标准、条件也都参差不齐，尤其时间年限相差较大。比如，商务部要求字号是创建于1956年以前的，而各地方的年限要求并不统一，30年、50年、60年不等。

另外，还有的企业或品牌虽然历史悠久，但由于各种原因没有到有关部门进行申报，却在某个区域具有一定的影响力或在消费者中享有较高声誉的知名度，这样存在于民间的老字号也为数不少。

由于商务部的规定，申请和被认定"中华老字号"有特定的要求，因此，并不是所有的老字号都能获得"中华老字号"的称号。本书为了研究需要，以"中华老字号"服饰品牌为研究对象，但需要指出的是，书中选取了"百雀羚"案例，虽然，目前"百雀羚"尚未收录在商务部公布的"中华老字号"名单中，但由于其历史悠久，且是传统化妆品品牌中有代表性且表现活跃的品牌，而且，从美国和英国的相关的服装学院的专业设置情况来看，化妆品属于服饰类产品，因此，本书也将其收录案例之中。

整体上来看，老字号通常都具有如下特点：

第一，发展格局多元化。为数众多的老字号最初扎根于农耕文明时代，涉及的行业为饮食业、零售业、手工业等。从横向看，其结构呈现手工业遍布、商业居多的多元化行业结构。

第二，地域文化及历史特征鲜明。一部分老字号受企业性质、政府管制、自身发展的限制，只在发源地存在，具有明显的地域特征。而另一部分老字号品牌则将品牌的历史文化和理念传递在其产品或服务里，成为突破地域性的全国性品牌。

第三，创业悠久，盛衰兴替。老字号的发展过程通常可以分为创业期、发展期、动荡期和分化期四个阶段。在创业期，老字号往往以小规模起家，灵活经营。在发展期，老字号会逐渐形成一定的规模稳定经营。在动荡期，受环境、政策等因素的干扰，老字号品牌经营不稳定，可能会步入衰落期。到了分化期，一部分老字号品牌经过动荡期带来的不利因素得以继承和发展，另一部分则因多种原因而遭淘汰。

三、老字号与品牌及商标

（一）老字号与品牌

1. 品牌的定义

品牌（Brand）一词来源于古挪威文字 Brandr，它的中文意思是"烙印"。在当时，西方游牧部落在马背上打上不同的烙印，用以区分自己的财产，这是原始的商品命名方式，同时也是现代品牌概念的来源。

1960年，美国营销学会（American Marketing Association, AMA）给出了对品牌较早的定义：品牌是一种名称、术语、标记、符号和设计，或是它们的组合运用，其目的是借以辨认某个销售者或某销售者的产品或服务，并使之同竞争对手的产品和服务区分开来。品牌一般包括两个部分：品牌名称和品牌标志。

现代营销学之父菲利普·科特勒认为，品牌是销售者向购买者长期提供的一组特定的特点、利益和服务。他指出，品牌是给拥有者带来溢价、产生增值的一种无形的资产，它的载体是用于和其他竞争者的产品或劳务相区分的名称、术语、象征、记号或者设计及其组合，增值的源泉来自于消费者心智中形成的关于其载体的印象。

品牌的含义，还需要从以下六个方面理解：

（1）属性：品牌代表着特定商品的属性，这是品牌最基本的含义。

（2）利益：品牌不仅代表着一系列属性，而且还体现着某种特定的利益。

（3）价值：品牌体现了生产者、消费者的某些价值感。

（4）文化：品牌还附着特定的文化。

（5）个性：品牌也反映一定的个性。

（6）用户：品牌暗示了购买或使用产品的消费者类型。

2. 老字号本质是一种品牌

总体上来看，一个字号可以和品牌的名称一致，但一个字号下也可以有多个品牌，例如：美国通用汽车公司下有凯迪拉克、别克、雪弗兰等多个品牌。

由于老字号成立之初受当时历史条件所限，那时的人们并不知道品牌的概念。从现在来看，字号其实就发挥着品牌的作用和功能。事实上，老字号形成过程中既有企业品牌因素，也有产品品牌因素，尤其到近代商标和产品品牌出现以后，由产品品牌转化为企业品牌的不胜枚举。因此，从这个意义上来讲，老字号可以是企业品牌，也可以是产品品牌。

品牌是一个国家的形象，也是一个国家综合实力的象征，更是企业竞争力与实力的重要体现，老字号源远流长，声誉流芳，品牌就是老字号的重要资产，也是老字号改革创新发展的重要支撑和引领。

（二）商标与老字号

1. 商标与品牌

商标（Trademark）是用来区别商品来源的标志，可以是文字、图形或者两者组合，是商标权人根据商标法的规定，在国家商标局注册取得。

商标与品牌是两个不同领域的概念，极易混淆。在日常工作中，很多人常把这两个术语混用、通用。

两者既有联系又有区别，主要表现在以下几个方面：

首先，虽然商标和品牌都是商品的标记，但商标是一个法律名词，而品牌是一个经济名词。品牌只有打动消费者的内心，才能产生市场经济效益，同时品牌只有根据《商标法》登记注册后才能成为注册商标，才能受到法律的保护，避免其他任何个人或企业的侵权模仿使用。

其次，品牌的目的是借以辨认某个销售者或某销售者的产品或服务，并使之同竞争对手的产品或服务区分开来。而商标是指按法定程序向商标注册机构提出申请，经审查，予以核准，并授予商标专用权的品牌或品牌中的一部分，商标受法律保护，任何人未经商标注册人许可，皆不得仿效或使用。可以看出，品牌的内涵更广一些。

最后，从归属上来说，商标掌握在注册人手中，而品牌植根于消费者心里。商标的所有权是掌握在注册人手中的，商标注册人可以转让、许可自己的商标，可以通过法律手段打击别人侵权使用自己的商标。但品牌则植根于广大消费者心中，品牌巨大的价值及市场感召力来源于消费者对品牌的信任、偏好和忠诚，如果一个品牌失去信誉，失去消费者的信任，品牌就会失去价值。

全球最有价值的品牌中，中国品牌屈指可数，所以，目前中国还是一个品牌弱国，但中国商标注册的拥有量庞大，中国是一个商标大国。一个注册商标要成为一个真正的有影响力的品牌要经历一个艰辛漫长的过程。

2. 字号与商标

字号和商标都属知识产权，受法律保护，但两者并不相同。我国商标注册管理由国家工商行政管理总局商标局统一进行，而字号登记则由企业所在地的工商行政部门进行管理。一些老字号已经注册了自己的商标，例如，北京王致和食品集团有限公司的注册商标是"王致和"（图1-5）；北京内联升鞋业有限公司的注册商标是"内联升"；北京吴裕泰茶业股份有限公司的注册商标是"吴裕泰"等。

一般来说，商标在全国范围内所注册的类别或相关类别是唯一的，他人不能与它相同或近似。而企业名称在全国也是独一无二的，但可能在不同行政区域出现字号、行业特点和组织形式都相同的企业名称。如，可以有上海A服装服饰有限公司，也可以有北京A服装服饰有限公司，他们只是行政区划不同，但字号相同。

图1-5 北京老字号"王致和"的注册商标

通常，一个企业只有一个名称、一个字号，却可以有多个商标用于不同类型的商品。如，美国宝洁公司有海飞丝、飘柔、潘婷、沙宣、吉列、博朗等多个不同的商标。

企业商标可以与字号相同，也可以不同，各有利弊。如海尔集团的主打商标就是海尔。还有，企业名称可以转让但不能许可他人使用，商标既可以转让也可以许可他人使用。

3. 老字号的商标侵权

近年来，"老字号"商标争夺、商誉受损、域名侵权等知识产权侵权事件时有发生，有的老字号甚至在外国被抢注商标。如同仁堂、瑞蚨祥、全聚德、王致和、稻香村等"老字号"都曾经历商标纠纷。商标保护成为老字号不得不面对的重要问题。

老字号面临的商标侵权主要分为两种，第一种是由于老字号商标注册类别单一或因字号与商标不一致，老字号企业被他人抢注成商标以及注册成企业名称；第二种则是有的不法企业在与老字号近似类别的字号上进行商标注册，搭车经营，也就是常说的"傍名牌"。

例如，2006年7月，老字号"王致和"有意进军欧洲市场，却在德国遭遇尴尬。一家德国公司在德国当地注册了"王致和"商标，其中包括中英图文及形象Logo。同一年，中国国家工商行政管理总局商标局认定了"王致和WANGZHIHE及图"商标为中国驰名商标。于是，"王致和"就开始了近3年的海外维权。2009年4月23日，历时2年零3个月的"王致和"诉德国欧凯公司商标侵权及不正当竞争案经德国慕尼黑法院终审判决中方胜诉。

再如，"同仁堂"是北京同仁堂（集团）有限责任公司的注册商标和商号。2012年8月，同仁堂公司发现设立于台湾地区的中华同仁堂生物科技有限公司在其网站页面上标有"中华同仁堂"标识，且为模仿北京同仁堂由著名书法家启功先生题写的"同仁堂"文字。此外，这家公司还在江苏省常州市开设了"中华同仁堂"药铺，多处模仿北京同仁堂公司的店铺设置。于是，北京同仁堂遂将中华同仁堂告上了法庭。江苏省法院认为，台湾中华同仁堂的行为足以使公众对二者产生混淆，造成"同仁堂"驰名商标的淡化，侵犯了"同仁堂"注册商标专用权，构成不正当竞争行为。法院经审理后，判决台湾同仁堂生物科技公司停止侵害北京同仁堂公司注册商标专用权的行为及不正当竞争行为，赔偿北京同仁堂公司经济损失及因维权支出的合理费用100万元。

另外，根据商务部制定的《"中华老字号"标识使用规定》，"中华老字号"标识适用于商务部认定的"中华老字号"企业或品牌。未被认定为"中华老字号"的企业或个人，不得使用"中华老字号"标识和文字。"中华老字号"标识属商务部所有，由标准图形和"中华老字号"中英文文字组成，图形可单独使用，也可与文字组合使用。"中华老字号"企业可以在相应产品或服务的包装、装潢、说明书、广告宣传及互联网等媒介中使用统一规定的"中华老字号"标识。这些规定对老字号的保护工作起到一定的作用。

此外，老字号企业涉及的知识产权问题主要还有："老字号"本身涉及商号权、企业名称权；把"老字号"注册为商标标识涉及商标权；老字号企业的独门技术、特有经营管理模式涉及商业秘密权；把专有技术、配方申请专利涉及专利权；把"老字号"作为域名涉及域名权；老字号企业所生产的产品达到知名程度还可能涉及知名商品的特有名称、包装装潢权等。

因此，老字号企业要增强知识产权保护意识，善于利用法律武器来维护老字号的权益，维护企业的合法利益。需要明确的是，老字号更多的含义在于品牌，如果品牌不与商标挂钩，就无法得到法律的保护。一方面，老字号企业要增强这方面意识和能力，加速保护性注册，防止被人抢注的风险，也要注意维持好商标的有效性。另一方面，老字号商标的保护也需要政府有关部门的引导推动。

第二节　老字号的历史

一、老字号产生的历史渊源

中国的工商业历史源远流长，殷商时期，商朝人即以善于经商而闻名，交易活动频繁。商朝国王专设"多贾"职位管理宫廷商事活动，设"贾师"管理民间商业活动。《管子·轻重戊》有记载："殷人之王，立皂牢，服牛马，以为民利，天下化之。"西周时期已经出现了官贾，其职能分为两部分，太宰专管内朝商贾，服务于王室，主要为王室采购各种衣食住行用品及工艺品；司徒所属商贾供职于朝廷，负责朝廷用品采购，如军需和刑狱用品等。

春秋战国时期，"事技艺"成为风尚，家庭或家族工商业得到了进一步发展，出现了"百工"社会阶层，商人地位也较高。这一时期的工商业奠定了中国字号工商业的格局和基础。《韩非子·外储说右上》中记载："宋人有酤酒者，升概甚平，遇客甚谨，为酒甚美，县帜甚高，然而不售，酒酸。"这里的"县"同"悬"，"县帜"就是悬挂的旗帜、幌子，是招牌的雏形。

不同朝代，中国工商业都有不同程度的发展。字号、招牌或横额，或竖牌，或幌子是工商业发展的表现。例如：从名画《从清明上河图》上即可窥见一斑。全卷清晰可识的第一个招牌，就是这家"王家纸马"（图1-6），店铺一侧立有竖牌，另一侧堆叠着楼阁状的纸马。纸马，并不是一张纸叠成的一匹马，而是一种迷信用品，中国民间祭祀财神、月神、灶神、寿星等神祇时所用。店招牌"王家纸马"就是店主的姓氏写在字号里，这是当时汴京的风俗。从宋代孟元老的笔记体散文《东京梦华录》中也看到有"史家瓠羹店""万家馒头店""丁家素茶店""郑家油饼店"等招牌，与图中所画的画面一致。这些字号和起名的方式还影响了以后的商家，他们在给商店起名时往往冠以店主的姓名就是沿袭了这一商业风俗。

图1-6 《清明上河图》中的店铺——王家纸马

另外，《清明上河图》中出现最多的就是酒楼，足见当时宋朝酒业的繁荣。例如，图1-7中是《清明上河图》中最大的酒店——香丰正店（当时把官方直营的酒类商店就叫正店）。

画面中，除了竖牌、灯箱，还有酒楼最常用的酒旗。酒旗一般由青、白两色的布制成。古代酒家打出酒旗不仅为招揽生意，也能说明酒的种类和时间，比如新酒、老酒、小酒等。"凡京师酒店，门首皆缚彩楼欢门"，华丽的彩楼欢门可谓是汴京最美的风景。

通过画面，我们了解到当时的民风时尚，了解到宋代发达的经济和繁荣的城市生活，同时也能感受到字号的使用已经在商业活动中非常普遍。

从现存的历史记录来看，中国早期的手工业生产诞生于专业手工业家庭或家族之中，以后出现的官营工商业也是建立在家庭或家族手工业作坊、工场基础上的。因此，以姓

图1-7 《清明上河图》中的酒楼——香丰正店

氏命名的字号的特征是与中国古代最初以姓氏为特征的家庭或家族手工业密切相连的。

中国古代把工商经济称之为"食货",各个历史时期的正史中均有"食货志"部分。用"食货"二字指称工商业,说明了古时中国工商业以基本生活资料的生产为核心的特点。"食"指与食物生产和加工相关的行业,如粮食生产与加工、餐饮业、酿造业等。因此,在保留至今的老字号企业中,仍然是以餐饮、食品业为最多,这反映出老字号传统的强大的传承力。

另一方面,早期的产品生产不仅具有使用价值,更重要的还有象征价值,如鼎作为祭祀的重器,是统治者的身份和特权的象征。对这类产品的命名方式以及由此相关联的使用方式和所有权,如仪式、祭祀活动等,也构成了象征文化体系的一部分。这正是字号文化的重要历史渊源。

中国自古以来就有以官本位为中心强调社会身份的传统,这种传统通过各种方式体现在生活之中,当然也包括以日常用品表征这一身份差别和象征意味。官营的产品需特殊的标记以"正名",表明其正统的"官府"身份。这成为字号文化的来源之一。这在宋代官窑的瓷器中表现得最为突出,"窑款"就是证明宫廷身份的标记。

因此,作为工商生产活动的产品以其象征意义的表征而获得了社会中象征媒介的地位。字号在整个中国社会的象征体系中担当了特殊的传播媒介,并与文字、图案、纹饰、色彩、工艺等不同的象征符号的整合和互动,共同建构了复杂的社会象征体系。私营的工商业在市场竞争中,以字号来区别生产者身份,以证明其具有象征意味的"产品身份"具有特别的意义。

二、北京老字号的历史发展

老字号是中华商业文化的重要载体,具有深厚的文化底蕴,是中华民族商业的瑰宝。同时,老字号的发展与一个城市的发展密切相关。本部分以北京市为例,介绍分析北京老字号的历史发展。

(一)历史溯源

北京作为城市的历史可以追溯到3000年前。秦汉以来,北京地区一直是中国北方的重镇,名称先后称为蓟城、燕都、燕京、大都、北平、顺天府等。北京是世界上拥有文化遗产项目数最多的城市,具有重要的国际影响力。公元938年,辽太宗将幽州定为"南京幽都府",1012年改号"析津府"。1149年12月,金朝皇帝海陵王完颜亮发动政变，取代了金熙宗，于1151年3月下诏"广燕城，建宫室"，1153年迁都燕京（北京），并更名中都。金中都为元、明、清三代的北京城的建设奠定了基础。从公元1153年金中都到今天，北京作为首都已经有865年。

北京作为我国六大古都之一，中华多民族文化在这里创造出了灿烂的人文景观，而其中"老字号"文化现象，就是这人文景观中重要的组成部分。

"老字号"的诞生，源于商贸的兴盛。元朝初期，北京作为大都城，人口已有数十万，为解决吃粮问题，每年要从南方运粮百万石以上，粮食经京杭大运河运抵通州后，还要起岸转陆路运到城内，运费极大。后来，在水都监郭守敬指挥下，成功地在北京的东部开凿了通惠河，可使江南货物粮船通过京杭大运河直达积水潭码头。因此，积水潭地区、钟鼓楼由此商业繁荣起来。

明朝定都北京后，永乐年间修筑了"内城"，嘉靖年间（1553年）又加筑了"外城"，基本形成了北京的城市格局。当时，大运河航运直达城内，陆路交通，四通八达。但由于当时的通惠河逐渐淤塞，到了永乐年间，已不能通行大小船只，码头也迁到北京城东南方的大通桥下，于是，北京商业中心也从鼓楼、积水潭移到前门外、崇文门外一带。明初，前门外居民稀少，商业萧条，明王朝为了恢复市场，繁荣经济，在前门外建房招商。

据《明宣德实录》记载，为活跃京城商贸，曾从南京动迁2.7万商户，于前门、鼓楼等地"招商居货"，建店置铺，使各地商货于京产销。如今的苏州胡同、镇江胡同、陕西巷、山西街等，这些地名至今保留。其中，苏州胡同就是明朝时期，苏州陆墓人姚广孝在参与规划建设北京城和明皇宫时，把家乡苏州的大批工匠、船民以及商人，一起召集到北京兴建土木，这些工匠、运输船工、商贩就在北京城的东南角离皇宫不远的地方驻扎了下来，形成了一条街市。这时一些店铺的"字号"也随之产生。

那时，前门地区建立起来的店铺大多是前店后坊，自产自销，有的也销售江南的松江布、苏杭的丝绸、景德镇的瓷器、佛山的铁锅、安徽的茶叶等。此外，还有许多酒楼、旅馆和专业性集市。特别是修筑外城以后，前门地区逐渐发展成为外城最繁华的地区。

"鹤年堂"药店、"六必居"酱园，是至今仍经营的"老字号"，有的甚至已有超过600年的历史。清康熙、乾隆、嘉庆年间，北京的商贸经济发展到鼎盛时期，如今驰名中外的老字号如"月盛斋"清真酱牛羊肉、"烤肉宛"清真饭庄、"同仁堂"药店、"马聚源"帽店、"荣宝斋"文房四宝店等，均在那一时期便已声名显著（图1-8）。

图1-8 创建于1669年的北京老字号"同仁堂"牌匾

清军入关占领北京后，由于清政府实施旗汉分居的政策，许多汉民经营的店铺也被赶到前门一带。到清乾隆年间，前门外已发展成为北京最繁华的地区，这里店铺林立，居民稠密，百工丛集，商店鳞次栉比，酒肆茶房、戏楼、饭庄、旅店，应有尽有。

如今，北京的大栅栏（读音 Dàshi làr）是北京市前门外一条著名的商业街，地处老北京中心地段，位于天安门广场以南前门大街西侧，从东口至西口全长275米。实际上，大栅栏兴起于元代，建立于明朝，尤其是从1420年（明朝永乐十八年）之后逐渐繁荣昌盛至今，经过五百多年，才逐渐发展成为现在的模样。虽然，在1900年，义和团曾经一把火将大栅栏整条街付之一炬，但经过后来的重建，仍然成为老字号集中的区域。同仁堂药店、瑞蚨祥绸布店、内联升鞋店、张一元茶叶店、全聚德烤鸭店、都一处烧卖馆、正阳楼饭店、长春堂药店、广和楼戏园、新大北照相馆、天兴居炒肝等都聚集在大栅栏这条重要的商业街上。

到了清代末期，北京的另外一个商业区——王府井大街，也成为老字号聚集之地，亨得利钟表店、盛锡福帽店、同升和鞋店、步瀛斋鞋店、大明眼镜店、萃华楼饭庄、东来顺饭庄、全素斋素菜馆、稻香村食品店等，延续至今（图1-9）。

图1-9 北京王府井大街上的老字号步瀛斋鞋店

总之，北京特有的古都经济中心的优势，使众多老字号得以生存发展，成为全国著名老字号集中的城市之一。

（二）特色突出

"老字号"不仅是一个城市经济、社会发展的印证，更重要的是一种历史传统文化现象。"不到长城非好汉，不吃烤鸭真遗憾"，使"全聚德"成为北京的象征。而京城民间的歇后语，如"东来顺的涮羊肉——真叫嫩""六必居的抹布——酸甜苦辣都尝过""同仁堂的药——货真价实""砂锅居的买卖——过午不候"等，生动地表述了这些北京"老字号"品牌的特色。

北京作为数朝古都，历代名人几乎都在这儿留下了踪迹，而许多"老字号"都与这些

图1-10 创建于1738年的北京老字号"都一处"烧卖馆

历代名人有着种种关系。远至封建时代的皇帝重臣、名人学士，近到当代的国家领袖、社会名流，都为"老字号"增添了独有的色彩，使北京的"老字号"成为"京城文化"的一脉。一些"老字号"已经编成了书，演成了戏，它们的故事家喻户晓。"老字号"已成为北京的特色文化现象。

老字号"都一处"是北京一家有名的烧卖馆，开业于1738年（清乾隆三年）。据说，1752年（清乾隆十七年），乾隆皇帝微服私访深夜回京，到酒铺用餐。当时正值除夕，京城仅此一家还未关门，服务又热情，乾隆皇帝龙颜大悦，于是派太监赐匾取名"都一处"。乾隆赐匾后，很多人都来都一处看匾，生意甚为兴隆，经营酒类由白酒佛手露发展到五加皮、茵酒、黄酒、蒸酒等；菜肴也由凉菜发展为数十种炒菜，面食有烧麦、炸三角、饺子、馅饼等（图1-10）。

因此，北京的很多老字号都与皇帝或皇族、大臣有些许"瓜葛"，这些故事演绎成不同的版本，在民间流传很广，也使京城的老字号与其他城市的老字号多了些不同。

因为是都城，北京也是一个多民族文化融合的大都市。也就是说，北京的"老字号"并非全都土生土长，大多数"老字号"都是山南海北、全国各地的人在京创建的，集合了各地、各民族的特色，形成了一种"大商业"景观。这里既有苏杭的绸缎、安徽的茶叶、江西的瓷器、广州的海货，也有山东的饭馆、东北的烤肉、山西的药店、山东的糕点……而且，老字号涉及零售、餐饮、医药、食品、烟酒、丝绸等行业，书店、照相、美发、洗染、浴池等多个领域，正是这些不同特色的"老字号"，展现了京城"老字号"大商业文化的魅力（表1-1）。

表1-1 北京市部分"中华老字号"列表

名 称	创始年份	主要业务
鹤年堂	1405年	医药
便宜坊	1416年	焖炉烤鸭
六必居	1530年	酱菜
柳泉居	1567年	黄酒铺
王麻子	1651年	刀剪

名　称	创始年份	主要业务
同仁堂	1669 年	医药
王致和	1669 年	调味品
烤肉宛	1686 年	烤牛肉
都一处	1738 年	烧卖
天福号	1738 年	酱肘子
砂锅居	1741 年	京味白肉砂锅
马聚源	1817 年	帽子
谦祥益	1840 年	丝绸布匹
烤肉季	1848 年	烤羊肉
内联升	1853 年	布鞋
步瀛斋	1858 年	布鞋
全聚德	1864 年	挂炉烤鸭
吴裕泰	1887 年	茶叶
瑞蚨祥	1862 年	丝绸布匹
荣宝斋	1894 年	字画
稻香村	1773 年	食品
张一元	1900 年	茶叶
同升和	1902 年	鞋帽
盛锡福	1911 年	帽子
元长厚	1912 年	茶叶
东来顺	1903 年	涮羊肉
仿膳饭庄	1925 年	宫廷菜
锦芳	1926 年	京味小吃
丰泽园	1930 年	山东风味
大明眼镜	1937 年	眼镜
中国照相馆	1937 年	照相
又一顺	1948 年	清真食品
四联	1956 年	美发美容

资料来源：根据相关资料整理而成，详见本书附录二。

这些京城"老字号"在形成发展过程中，创出了独特的经营之道，成为一种知名"品牌"，是一种无形资产，它的含金量是难以估算的。过去，北京人有"头戴马聚源，脚蹬内联升，身穿八大祥"一说。这就是品牌的魅力，具有宝贵的商业价值和文化价值。

在新中国建立初期，北京百年以上历史的老字号有300多家，遍布于京城的各个角落。例如，老字号"步瀛斋"鞋店创办于1858年（清咸丰八年），其匾额系清代道光年进士毛昶熙所题。老字号"同升和"鞋店于1902年（清光绪二十八年）开业于天津，1933年在北京王府井设立分号，以生产鞋类产品和帽子而闻名。但是在历史发展过程中，很多"老字号"丧失了很多优秀工艺、技艺的传承，京城老字号逐渐没落了。

直到20世纪70年代后期，特别是改革开放以后，一些老字号才逐步恢复。尤其是近年来，随着非物质文化遗产保护力度的不断加大，北京已有30多家老字号的产品或制作技艺被列入市级甚至是国家级"非物质文化遗产保护名录"。由此，北京的老字号得以保护与传承，老字号开始焕发青春，借助传统品牌优势，走上了发展之路。

第三节 老字号的现状

一、老字号基本情况

在经历了建国初期的对私改造，动乱时期的破坏与市场经济大浪淘沙的优胜劣汰以后，不少曾经享誉海内外的老字号因为机制僵化、观念陈旧、创新不足、传承无力等原因，丧失了当年的品牌优势，只有部分企业还保持着良好发展势头。

以北京市创立于1956年以前且持续经营为标准，目前，北京市的老字号有151家，其中具有百年以上历史的有50余家。在2006年商务部公布的全国首批434家"中华老字号"名单里，北京有67家企业名列其中，占认定总数的15.4%。北京老字号经营涉及餐饮、商业、服务、工业和文化五大行业，其中从事餐饮、商业和服务业的约占总数的85%，并且区域分布比较集中，首批的67家老字号企业中有59家位于东城、西城两区。

随着经济的发展，当前老字号企业大体呈现出两大发展态势。

（一）发展势头良好的老字号企业

这类企业大多是依靠创新增强竞争力而不断发展强大的。例如："同仁堂""全聚德""王致和"等通过不断地改革和体制创新适应了激烈的市场竞争，走上快速发展的道路。

1. 同仁堂

同仁堂始创于1669年，至今已有349年的历史。如今，同仁堂坚持"以现代中药为核心，发展生命健康产业，成为国际知名的现代中医药集团"的发展战略，以"做长、做强、做大"为方针，以创新引领、科技兴企为己任，形成了现代制药业、零售商业和医疗服务三大板块，构建了六个二级集团、三个院和两个储备单位的企业架构。当前，同仁堂拥有药品、医院制剂、保健食品、食品、化妆品等1500余种产品，28个生产基地，83条现代化生产线，一个国家工程中心和博士后科研工作站。

随着同仁堂的快速发展，品牌的维护和提升、文化的创新与传承也取得了丰硕成果。作为老字号的代表之一，"同仁堂中医药文化"已列入首批国家级非物质文化遗产名录，同仁堂既是经济实体又是文化载体的双重功能日益显现。

2. 全聚德

创建于1864年（清朝同治三年）的"全聚德"（图1-11），历经几代创业拼搏获得了长足发展。1993年，全聚德组建中国北京全聚德集团，开展了体制、机制、管理等多方面的创新，确立了充分发挥全聚德品牌优势，走规模化、现代化和连锁化经营道路的战略。

1999年1月，"全聚德"被国家工商总局认定为"驰名商标"，是中国第

图1-11 创建于1864年的北京老字号"全聚德"烤鸭店

一例服务类中国驰名商标。同时，全聚德的菜品经过不断创新发展，形成了以独具特色的全聚德烤鸭为龙头，集"全鸭席"和400多道特色菜品于一体的全聚德菜系，备受各国元首、政府官员、社会各界人士及国内外游客喜爱，被誉为"中华第一吃"。

2017年2月，全聚德品牌连续九年荣获"北京十大商业品牌金奖"殊荣。

3. 王致和

始创于公元1669年（清康熙八年）的"王致和"品牌，距今已有340余年历史。如今，北京王致和食品厂隶属于北京王致和食品集团有限公司，是以生产酿造调味品为主的跨行业经营的集团公司，是全国最大的腐乳生产厂家。通过不断创新发展，企业已经取得多项发明专利，多项实用新型外观设计专利，其生产工艺技术在行业中居于领先地位。"王致和腐乳传统酿造技艺"已经进入国家级非物质文化遗产保护名录。"王致和"产品北京市场占有率达80%以上，行销全国31个省、市、自治区、直辖市，远销美国、加拿大、澳大利亚、韩国、日本、欧盟等国家和地区，为百姓佐餐佳品。

（二）逐渐衰败的老字号企业

除了少数发展状况良好的老字号企业外，还有很多老字号企业岌岌可危，甚至徘徊在破产边缘。这些老字号不能把握市场需求的变换，缺乏创新动力，遭遇了前所未有的寒冬，甚至到了消失的地步。例如，2002年5月，始创于1651年（清朝顺治八年），素有"北有王麻子，南有张小泉"之称并占据中国刀剪市场半壁江山的北京王麻子剪刀厂宣布破产。2015年3月，创始于1904年（清朝光绪三十年），拥有111年历史的广州老字号云香楼也已关门谢客。

二、老字号发展中存在问题的原因

（一）外因

1. 历史的原因

历史上，老字号企业创造了辉煌。新中国成立初期，老字号得到全面恢复和快速发展。然而，在后来的发展中，老字号企业受到了两次冲击。第一次是1956年的公私合营，许多规模较小的老字号都被取消了名号，只留下了少数声誉显赫的老字号，并且一并改为国有身份。以北京市为例，从1952年开始对私营工商业改造到1956年公私合营，北京市商业网点数量从1951年的7.7万个减少到1956年的4.4万个，缩减幅度达42.9%。大批铺子、规模较小的老字号被取消了名号，只有少数声誉显赫的老字号得以保留。1960年代初，北京私营工商业彻底改造为国营之后，保留下的老字号也一并改为国有身份。

第二次是在"文化大革命"期间，有些老字号遭到批判，很多著名老字号都被改了名称，如"全聚德烤鸭店"改为"北京烤鸭店"。据统计，1970年北京市商业网点降到历史最低点，仅剩1.2万个，比1951年减少了85%。

由此，由于政治、经济等多种原因，老字号陷入发展困境，经营受到很大的冲击，有些老字号甚至沦落消失了。

20世纪80年代中期开始，中华老字号面临着又一轮激烈的市场洗牌，在开放的市场竞争环境、西方先进经营理念、强势企业文化冲击下，许多老字号企业纷纷溃败而淡出了历史舞台。其实，中华老字号出现经营困难、效率低下的原因是多方面的，既有社会政治环境、经济体制等方面的客观因素，也有老字号自身缺乏发展动力、缺少改革创新机制等主观因素。

经过了这两次冲击，改变了老字号数百年来赖以生存的脉络和基础，而老字号改为国有企业之后，不仅失去了老字号原有的特色，同时还出现了国有企业内部的管理弊端，使其竞争力严重下降。

以王麻子剪刀为例。据了解，20世纪80年代末的"王麻子"每年上缴利润200万元，但进入90年代，在市场经济条件下，"王麻子"背上了沉重的历史包袱，销售业绩不断下滑，陷入了尴尬境地。企业人员负担也重，王麻子剪刀厂有正式职工161人，退休职工却有268人，职工的医药费、取暖费甚至丧葬费等都需要企业解决，给企业带来沉重的负担。在这种情况下，企业很难有更多的资金去创新、发展，光养活自己的职工就已经很困难了。再加上企业缺乏市场意识，"坐店经营，等客上门"的思想严重，造成生产与市场脱节。在市场经济的大潮下，企业管理政策、销售决策以及人才方面都远远跟不上时代要求。2003年1月，始创于1651年（清朝顺治八年）的老字号，曾经在中国刀剪市场一直占据半壁江山的北京王麻子剪刀厂，向法院申请破产。

2. 城区的改造，使老字号失去了原有的生存空间

在历史上，老商业街的发展与老字号兴衰有着密切的联系。以北京市为例，在北京的前门大街、王府井大街、西单等地，新中国成立前夕都曾是北京最繁华的商业中心，聚集了一大批各具特色的老字号。但自从20世纪90年代以来，北京市开展大规模商业街区和旧城改造开始，一批老字号就慢慢地消失在人们的视线中。前门大街修缮工程也使10多家历尽沧桑的老字号散落到京城各地。部分回迁的老字号企业也元气大伤，难现往日门庭若市的场面；还有一些老字号不得已换成了现代化门脸或被并入大商场，失去了原有风貌和富有特色的企业文化，与其他商品已别无两样。由于缺乏对北京市传统商业文化发展的长远规划，忽视对北京老商业街和老字号的地域风貌、民俗环境的整体保护，使得老字号的发展空间越来越小。

同样，江苏省南京市不少消失的老字号也和城市拆迁有一定的关系。比如，20 世纪 70 年代，南京新街口中山路、中山北路、中山南路一带有数十家老字号，拆迁后仅剩新百、中央等少数几家。

城市需要改造，同时，也要兼顾老字号的退路。为了更好地保护老字号，一是需要把老字号的建设纳入城市整体发展规划；二是需要对老字号在重新选址和资金扶持等方面作明确规定；三是市、区、县应打造经济特色街，让老字号有用武之地。

3. 扶持及保护的力度不够

许多老字号企业在面对激烈的市场竞争时，也曾想到过改革创新，但是由于自身缺乏资金、缺乏人才等，使得许多改革的想法不能得以实现。而在旧城区改造的过程中，许多老字号企业更是由于资金等原因很难再迁回原来经营的地点，而政府相关部门也没有给予极大的重视，使得很多老字号企业渐渐从大众视野中消失了。

为了改变这种局面，近些年，政府部门也开始采取一些相应的措施来保护老字号企业。2006 年上半年，在商务部刚刚公布启动老字号振兴工程之后，北京市商务局就发布相关政策：从 2006 年开始，北京市商务局设立老字号发展专项资金，用于支持北京老字号企业振兴，对以自有资金为主的老字号投资项目，北京市将提供数量不等的补助资金，最高补助金额可达 300 万元。对一部分需要信贷支持的老字号项目，北京市将为其提供贴息贷款支持。此外，对于为商业、服务行业老字号发展做出突出贡献的单位，商务局还将给予不超过 20 万元资金奖励。除了政府支持外，2005 年 8 月，北京市还成立了老字号协会，帮助和支持老字号企业。

（二）内因

1. 机制僵化，观念陈旧，缺少自我创新的内在动力

老字号创新力不足是阻碍老字号发展的重要因素。

一是思想僵化理念落后。面对市场的变化不能适时地进行经营调整和创新，对吸收和运用先进营销理念开拓市场的重视不够，传统优势在日益激烈的市场竞争中黯然失色，市场份额愈来愈低。

二是产品开发跟不上社会发展步伐。老字号企业在产品的款式、品种和包装上缺乏创新和深度开发，不少老字号品牌固守祖传口味，传统风格，没有跟进新生代消费者的品牌需求和市场关注重点，因而造成了商品与消费者需求的脱离，与消费需求的差距日趋扩大。

三是技术含量低。导致产品成本高、产品信赖度低，尤其在受到假冒伪劣商品冲击的

时候束手无策，使老字号产品在人们心目中的地位大打折扣，这种保护意识的严重缺乏，对于老字号企业来说，损失的不仅仅是商标和经济利益，更为危险的是品牌价值的流失。

另外，老字号因为店老，存在太多的老化人员，他们文化水平普遍较低，并且大多数老字号企业都是国有企业，因此也存在着许多国有企业本身的弊端：管理模式僵化、经营观念落后、产品陈旧、人才流失严重等，再加上企业自身资金积累较少，导致没有后续发展资金的支持，这些都致使老字号企业失去自我改造和自我发展的能力。一些国有老字号企业因为生产技术的落后导致职工人数多，离退休人员也多，光员工补贴和工资发放就给企业经营背上了沉重的包袱，严重制约了老字号企业的发展。

2．产权归属不明晰，缺乏经营活力和自我发展能力

老字号在经历了家族企业、公私合营、国有企业的变迁之后，其产权归属问题长期没有得到根本上的解决。由于老字号的资产所有权不明晰，导致老字号企业的"所有者缺位"，缺乏内在的发展动力。同时，老字号的资产经营权不到位，缺乏相应的激励约束机制，企业经营者有名无实或没有真正的法人财产权，使得老字号企业难以建立有效的公司治理结构，出现管理涣散、效率低下的状况。

产权制度方面存在的问题和缺陷，不仅使老字号失去持续发展的动力和后劲，而且使老字号企业丧失了自我改革创新的能力，处于经营运转困难甚至倒闭破产的窘迫境地。

3．缺乏品牌管理意识，知识产权保护意识薄弱

虽然靠着已有的"金字招牌"一路走来，但有些老字号在企业思想上有所局限，缺乏品牌管理意识，面对市场假冒伪劣商品的肆意横行，不能有效地运用法律武器去打击，导致企业声誉和形象受到了严重的损害。

此外，缺乏对知识产权的重视是老字号企业的又一痼疾。由于一些老字号企业对知识产权保护的重视程度不够，未能及时对自己的品牌进行注册，造成商标被抢注的现象屡有发生。北京"王致和"被德国抢注之后，浙江嘉兴"五芳斋"等被抢注的案例再次给老字号企业敲响了知识产权保护的警钟。老字号陷入商标纠纷的案件中，即便是维权胜出也会给老字号带来惨痛的伤害，其间企业在精力、财力上的付出也是十分巨大的。

例如：北京王麻子剪刀的破产在一定程度上也与缺乏品牌管理意识有关。由于"王麻子"享有很高的声誉，冒牌的"王麻子"也散布到了市场的角角落落。北京就出现了"汪麻子""老王麻子"和"真王麻子"等招牌，而"王麻子"并没有利用法律来维护自己的品牌，导致"假李鬼拖垮真李逵"，加上经营不善等原因，北京王麻子最终退出"老字号"的历史舞台。

三、保护和促进老字号发展的意义

"老字号"是优秀民族品牌和传统商业文化的集中代表，以其文化当中所蕴含的历史文化与地域文化著称，它们经过中国传统文化的熏陶，享有世代相传的良好声誉和广泛的消费者认可度，拥有世代传承的独特产品、技艺和服务。推动老字号企业发展，不仅能为百姓提供更多品质优良、特色鲜明、竞争力强的产品和服务，而且对于深入推进供给侧结构性改革、扩大品质消费、弘扬中华优秀传统文化具有重要意义。

（一）弘扬优秀商业道德和诚信服务理念

老字号之所以历久而不衰，关键在于其形成和秉持了货真价实、童叟无欺、诚信为本的企业文化和商业伦理。表现在生产环节就是货真；表现在销售上就是价实；表现在经营上就是可靠。比如，同仁堂的"炮制虽繁必不敢省人工，品位虽贵必不敢减物力"，胡庆余堂的"戒欺"，等等。并且，多数老字号企业服务规范，服务人员笑脸相迎、笑脸相送，给人宾至如归的感觉。

保护和促进老字号发展，继承和发扬老字号商业文化，对现阶段指导商贸服务行业发展，构建商业诚信体系，规范市场运行秩序都具有积极的借鉴意义。

（二）扩大国内消费需求

老字号广泛分布在各个行业，与居民的日常生活息息相关，从吃住到穿戴，从柴米油盐到就医用药，从金银玉器到文房四宝，几乎无所不包。但无论在哪个行业，老字号都代表着一种理念，一种品位，一种文化和一种享受，深受广大消费者欢迎。

因此，保护和促进老字号发展，为居民提供特色产品和服务，对繁荣商品市场、满足居民需求、扩大消费具有重要现实意义。

（三）发展中国自主品牌

老字号是金字招牌，是中华民族自己的自主品牌。广大老字号企业长期秉持自身特色，为人们的生活提供优质的产品和服务，得到了广大居民的广泛认可，培养了众多忠诚消费者。一旦这些老品牌被激活，潜能得到充分释放，由此带来的市场消费能量和发展前景将十分可观。

保护和促进老字号发展，调动多方资源挖掘和培育老字号的品牌优势，进一步提升老字号的品牌影响力和竞争力，是国家实施品牌战略、实现自主创新目标的重要任务，对促进民族企业做精做强，增强民族经济的国际竞争力具有重要战略意义。

2017年2月，商务部、发展改革委、文化部、工商总局、质检总局等16部门联合印发了《关于促进老字号改革创新发展的指导意见》，为促进老字号发展做出一系列战略部署。

（四）传承民族优秀文化

老字号蕴含丰富的优秀传统文化内涵，如商业文化、饮食文化、建筑文化、民俗文化等，这都是我国先进文化的重要组成部分。老字号企业提供的每种商品、每项服务都有深厚的文化底蕴。例如，餐饮老字号企业提供的菜品往往都是色、香、味、形俱全，是传统文化和智慧的结晶。人们光顾老字号，就是要感受中华文化的博大，领略悠久历史的积淀。无论是侨居海外和久居外地的人们回到故乡，还是国际友人初次踏访这片热土，总要到老字号逛逛，或寄托乡情，或感受历史，或陶冶情操。从一定意义来说，老字号满足了人们精神寄托和文化享受。保护和促进老字号发展，就是传承和弘扬优秀中华民族文化。

（五）增强国际交往与合作

老字号由于其深远的品牌影响和优异的产品质量以及丰富的历史文化内涵，通常成为各方政要和国际友人来华交往中参观考察的首选。

例如：2008年，北京奥运会期间，全聚德派出了由180名厨师和服务员组成的团队，每天为运动员提供烤鸭，全聚德烤鸭成为奥运村最受欢迎的菜品。

2003年，老字号"同仁堂"成立北京同仁堂国际有限公司，迈出国际化进程的步伐，并且实行"以医带药、文化先行"的策略，大力拓展海外市场，尤其是在中华文化有较强渗透和影响的国家，如泰国、印尼、马来西亚、新加坡等，并把"中药文化"作为其品牌的核心，把中国传统药店"坐堂医生"的特色带到海外，使同仁堂在海外落地生根，把海外门店建造成一座中医药文化博物馆，还向当地居民宣传太极拳、五禽戏等中国传统健身方法，积极宣传中医药文化。2013年之后，同仁堂进入国际市场又进入一个新的阶段，不仅并购海外社区诊所、药店等，还将覆盖种植采购、研发生产、批发零售、养生服务、文化教育等全产业链条，国际化战略实施更加深入，促进了国家之间的产品、文化的交流。

老字号作为文化的载体和使者，必将会越来越多地呈现在国际交往的舞台。

中华老字号

China Time-honored Brand

第二章 中华老字号服饰品牌的发展及机遇

第一节　基本情况介绍

一、概念及范围

"衣、食、住、行"是人们生活的基本需要，老字号发展过程中，以服装或服饰为经营产品的老字号不在少数。从产品经营的角度来说，这种以经营服饰类产品为主的老字号就是本书所指的老字号服饰企业或品牌。广义来说，"老字号"服饰品牌包括纺织品、服装、鞋帽、钟表、眼镜、珠宝、首饰甚至化妆品等。狭义来讲，"老字号"服饰品牌主要是指以生产销售服装面料、服装成衣、鞋帽等企业或品牌。本书老字号服饰品牌主要是指广义的范围。

服装和服饰不但作为人们生活的必需品，也是精神消费品，除物质消费功能外，还需要有精神文化内涵。在老字号服饰品牌的发展过程中，除了作为基本生活品，满足人们的基本需要之外，老字号也传达一个人的社会地位、身份等特征，表现出服饰品牌的社会性。例如："头顶马聚源、身穿瑞蚨祥、脚踩内联升"这首流传于北京的一个歌谣，描述当时的社会，如果一个人穿戴上这些老字号的衣服和鞋子，就是非富即贵之人，表现出服饰的社会属性特征。

二、主要的服饰老字号

老字号大多分布在经济发达、交通方便、文化昌盛的经济政治中心地区，老字号服饰的发展规律也是如此，与一个地方的经济、文化、历史息息相关，成为一个城市的文化遗产。例如，北京、上海、广州、南京、杭州等由于经济发达、文化繁荣，就成为老字号集中的城市。本书主要以北京、上海、广州为例，来介绍老字号服饰的基本情况。

（一）北京主要的老字号服饰品牌

北京主要的百年以上的老字号服饰品牌如表2-1所示。

表2-1 北京市主要的"老字号"服饰品牌

名　　称	创始年份	经营范围	特　　色
马聚源	1817年	帽子	用料讲究、做工精细
谦祥益	1840年	丝、绫、罗、绸、缎、纱、绢等，专营丝绸和丝绸制品	货真价实、言不二价、薄利多销
内联升	1853年	千层底布鞋、毛布底布鞋	工艺严格、工艺独特、选料考究、做工精细
步瀛斋	1858年	布鞋为主	品种齐全、诚信待客
瑞蚨祥	1893年	绸缎、棉布、皮货、民族服装服饰等	商品齐全、货真价实、服务热情
祥义号	1896年	丝绸用品	以经营贡品绸缎和高级成衣定制为主业，服务于宫廷及上流阶层
同升和	1902年	鞋类产品和帽子	样式新、品种多、号码齐全
盛锡福	1911年	帽子	用料考究、手工制作、做工精细、品质优良
丽丰祥	1924年	纺织布料	物美价廉、服务上乘
建华皮货（雪花）	1927年	服装皮货	主营裘皮、光皮、毛革一体皮装，兼营皮张、皮货制品
大明眼镜	1937年	眼镜	"验配精准、技术精良"，以专业能力强和能承接高难度光学眼镜验配制作而闻名
华女内衣	1939年	内衣	是老字号企业中少数经营内衣类的品牌，采用纯棉布制作文胸
造寸	1930年	服装服饰	造寸服装原为上海知名品牌服装，以"设计时尚、工艺精湛"著称，主要为各界知识女性提供服务
蓝天	1956年从上海迁入北京	服装服饰	讲究质量
红都	1956年	西服为主	专注男女高档西服、团体职业装以及工作服的定制

资料来源：根据相关资料整理。

（二）上海老字号服饰品牌的产生与发展

1. 老字号的产生与城市发展密切相关

上海由于其特殊的地理位置和在历代政治经济生活中发挥的作用，成为中国经济、金融、科技、信息、文化中心，是一座国际化的现代大都市。曾在近代成为远东最繁荣的港口和经济、金融中心，是近代亚洲少数几个国际化大都市之一，被称为"十里洋场"。

近代，民族工商业者在"实业救国"思想的指导下，在与众多洋商激烈的市场竞争中，创建出一批如"恒源祥""冠生园""绿波廊""杏花楼""老正兴饭庄"等璀璨耀眼的品牌。

上海的老字号演绎了上百年的盛衰传奇，成为城市经济和社会生活沉浮变迁的真实写照。这些品牌和商号的发展，蕴含了历代民族企业家的艰辛和传奇，成为上海地域文化的标志，体现了上海城市发展演变过程，是上海商业文化的重要载体，也是上海乃至我国近代经济发展史中的一个重要组成部分。

在20世纪20、30年代的上海，到大光明看电影，在王开照相馆拍生日照，去吴良材配眼镜，到培罗蒙买西装……这就是一种生活的时尚，老上海的衣食住行无不透露出一种小女人的奢侈。20世纪20年代，上海滩上流传着这样的歌谣："人人都学上海样，学来学去学不像，等到学了三分像，上海又变新花样。"上海滩的摩登时髦让各派服装高手云集十里洋场。

20世纪70年代，作为我国轻工业最发达的地方，上海生产出来的产品如手表、缝纫机、自行车等，还有其他所有的日常用品，不仅经久耐用，而且外观也很精美，以品质、款式享誉全国。人们把上海生产的产品统称为上海货。那时候由于物资匮乏，上海货是一块"金字招牌"，钻石牌、宝石花牌手表（图2-1），永久牌、凤凰牌自行车，上海牌、蜜蜂牌、标准牌、蝴蝶牌缝纫机，红灯牌收音机……无一不是那个时代的骄傲。上海货遍布大江南北，成为千千万万中国家庭财富的象征，而名牌荟萃也曾是上海的辉煌和骄傲。上海的服装、麦乳精、大白兔奶糖、的确良、丝袜、白

图2-1　20世纪70～80年代，上海宝石花手表风靡一时

图2-2　1939年的亨达利钟表行刊登的广告

图2-3　老上海街头上标有"鸿翔"公司的照片

球鞋，都是时尚生活的标志。

2．主要的老字号

（1）亨达利

创始于公元1864年（清同治三年），素有"钟表大亨"之美誉的亨达利钟表公司是中国第一大钟表行，亨达利以货品精良、精工修理而著称。如图2-2所示。

（2）鸿翔

"鸿翔"是上海第一家由中国人开办的专营女子时装的特色服装店。

"鸿翔"开设于1917年，创始人为金鸿翔。1917年，金鸿翔筹资在静安寺路（现南京西路）863号（今鸿翔原址）开设上海第一家西式时装公司，用自己的名字"鸿翔"做招牌，很快轰动了上海滩，服装业内称"鸿翔"为"女服之王"。1931年，在美国芝加哥国际博览会上，"鸿翔"大衣和礼服获得银质奖。1943年，随着金鸿翔业务的发展，又在南京大马路（今南京东路）开设"鸿翔"分公司，简称东"鸿翔"。当时在南京路上连开两家时装公司引起了上海的轰动（图2-3）。

"鸿翔"主营各种高档女子时装，素以选料讲究、品种繁多、款式新颖、工艺精湛而闻名于海内外。曾为无数慕名而来的港、澳、台同胞，国际友人和政界、文艺界著名人士，并多次为访华的元首级国宾提供了优质服务。"鸿翔"品牌的女装设计中西合璧，不断创新发展，对于中华女服的革新有积极的贡献。

（3）老凤祥

创始于1848年的"老凤祥"已走过了170个春秋，是中国首饰业的世纪品牌。上海老凤祥有限公司正是由创始于1848年的老凤祥银楼发展沿革而来，1908年（光绪三十四年）迁址南京东路（现南京东路432号）延续至今，这一旧址便是现今的老凤祥总店（图2-4）。

老凤祥商标"老凤祥"的创意，也源于老凤祥银楼的字号。如今，老凤祥公司已发

图2-4 创立于1848年的"老凤祥"银楼

图2-5 老字号"老凤祥"的注册商标

展成为集科工贸于一体，拥有老凤祥银楼有限公司、老凤祥首饰研究所有限公司、老凤祥珠宝首饰有限公司、老凤祥钻石加工中心有限公司等20多家子公司，首饰厂、银器厂、礼品厂、型材厂四个专业分厂，以及几十家连锁银楼、几百家专卖店的大型首饰企业集团。2012年中华老字号协会授予老凤祥品牌"最具创新老字号"荣誉。2016年8月，老凤祥在"2016中国企业500强"中排名第365位（图2-5）。

（4）民光家纺

2012年9月，在微博上被誉为"国民床单"的花纹被单在网络走红，于是怀旧的"国民床单"开始热卖。这款蓝底或者粉红色底，上面大幅牡丹花造型的"国民床单"就是由来自上海的老字号上海民光被单厂生产的。

上海民光被单厂的前身为民光织物社，1935年6月6日，由民族资本家项立民独资开办。在20世纪50年代，民光通过不断地技术改造和技术创新，成为风靡上海滩的知名品牌。在20世纪50～60年代，民光床单是上海滩每个新嫁娘的必备嫁妆。70～80年代，民光床单由于花色喜庆吉祥、款式简单大方且用纯棉制造而风靡全国。后来，随着更多家纺企业的进入，床单和床上用品变得丰富多样，民光床单渐渐退出了主流市场（图2-6）。

（5）培罗蒙

培罗蒙，始建于1928年，主营西服。最初，创始人许达昌在上海的四川路开设了许达昌西服店。1935年，搬迁

图2-6 民光公司旧时广告宣传

图2-7 老字号"培罗蒙"的商标

到南京西路新华电影院对面，改店名为"培罗蒙"。创建培罗蒙以后，许达昌以熟练的技艺、上乘的质量、精明的经营、热诚的服务在同业激烈的竞争中成为一流的名牌特色商店（图2-7）。

培罗蒙成功的诀窍是把产品质量作为企业之本。许达昌不惜以高薪聘请了当时号称上海西服业"四大名旦"的王阿福、沈雪海、鲍公海、庄志龙等工艺大师，并配备上等技师，使培罗蒙精英荟萃，人才济济。

"文革"时期，培罗蒙被认为带有"洋气"遭到厄运，开始改为"中国"，后又改为"培艺"。那时，只有要出国的人才需要缝制西装，生意寥寥。于是培罗蒙开始经营大众化服装，慢慢失去经营特色，制作工艺也面临后继无人的危险。如今，培罗蒙在传承精致手工制衣的同时，在缝制、面料、款式等方面不断挖掘传统技艺，也吸收世界服饰潮流，成为有影响力的品牌。佛教协会会长赵朴初曾为培罗蒙挥毫书写"裁剪工巧，瞻视端严"来赞誉培罗蒙的服装。

（6）恒源祥

恒源祥，创建于1927年。在20世纪80～90年代，"恒源祥"是羊毛衫品质的保证，那时穿一件恒源祥是特别值得炫耀的事，许多人趋之若鹜。无数到上海出差、旅游、探亲的人都要捎上好几件"恒源祥"回家送给亲朋好友。目前，恒源祥集团产品涵盖绒线、针织、服饰、家纺四大类，旗下有"恒源祥""彩羊""小囡"等品牌。绒线和羊毛衫综合销量名列前茅，恒源祥年羊毛使用量达10000吨以上。

近年来，恒源祥开展电子商务业务，在天猫、京东等平台授权店铺数量达130多家，品类涉及服饰、家纺、内衣、服饰配件类等，开始了品牌创新之路（图2-8）。

图2-8 老字号"恒源祥"的注册商标

如今，上海已经成为一个名副其实的国际化大都市，那些仍然活跃在人们生活中的服饰老字号还有凤凰、三枪、钟牌、明光、皇后、古今等。但是，就像国内的许多城市一样，那些曾经是上海这座城市名片的老字号在演绎了上百年的盛衰传奇之后，多数已经或正在从我们的视线甚至记忆里消失。在上海的商业街南京路上，鼎盛时期，南京东路上曾汇聚了60多家中华老字号。现在很多老字号或已撤离南京东路，或是踪影难觅，"留守"南京路的20多家老字号中，还有相当一部分也只是勉强维持。

同时，大多数消费者对上海服饰老字号都难以区分其差异，比如龙头旗下的民光、凤凰等，多数消费者无法说出两个品牌之间有何区别，品牌产品同质化现象严重。虽然民光几年前的"国民床单"因复古情怀得到了诸多好评，但历经多年以后的诸多老字号企业依然没能走出"当年的流行"，多个品牌厂家生产同种样式的产品，已经不适应个性化的时尚潮流。

近年来，上海市政府积极倡导弘扬老字号的金字招牌，上海的很多老字号企业也纷纷响应。目前，据有关部门统计，上海已拥有286家商业老字号及278家工业老字号，其中已有51家入选中国商务部组织评选的第一批"中华老字号"。

（三）广州老字号服饰品牌

广州发达的经济环境、独具特色的岭南文化，孕育了众多品牌声誉高的广州老字号企业。例如：陶陶居、莲香楼、趣香饼家、致美斋、王老吉、潘高寿等。但至今保留下来的老字号服饰品牌并不多，"大学鞋店"和"利工民"是广州老字号服饰品牌，它们分别于1993年和2011年由商务部认定为"中华老字号"。

1. 大学鞋店

大学鞋店始建于1934年，其前身是"亚履"鞋店。老板李钜观在制作鞋的过程中，强调用料优质、坚固耐用，明码实价，因而制作的鞋有"铁价鞋"之称。1941年，"亚履"迁址到惠爱东路333号和335号作两间店铺，分别以"天工""友昌隆"为店名。在此期间，李钜观精心设计了两款独具风格的皮鞋，即"学生"鞋和"教官"鞋，这一文一武的新款鞋，深受军政学界的喜爱，因而声名大噪。李钜观是个有爱国心的人，为寄希望于年青一代奋发图强，学好文化知识改变祖国、民族的命运作出贡献，1943年初将"天工""友昌隆"合二为一，易名为"大学"鞋店。大学鞋店为显示自己的产品真材实料，别出心裁地在橱窗挂起一双剖开鞋底的生胶底鞋样，并在店门两边贴上一幅醒目的对联："大学之作，实斧实凿；大学之价，实银实码"。

1956年，大学鞋店转为公私合营企业。1986年9月定名为"大学鞋业公司"。大学鞋店除自产自销外，又从千百个制鞋厂家精选产品进店销售，还设专门服务项目制作异型鞋，深受消费者赞誉。1998年，中山四路建变电站占用了大学鞋店近800平方米，鞋店被迫关掉延续六十多年的制鞋工场。2002年，中山四路启动拆迁，大学鞋店和致美斋等老铺一样被迁走。由于没有合适的地段、店铺，鞋店至今只能立足在北京南路一个30平方米的小店内。

目前，位于北京南路的大学鞋店如果不是有"广州老字号"和"中华老字号"两块

图2-9　广州老字号，曾经的"大学鞋业"

牌匾，与街头巷尾的普通鞋店已经没有分别，而大学鞋店的顾客也多数是附近的中老年人（图2-9）。

2. 利工民

利工民创立于1923年，是一家集织造、染整、制衣、家纺毛巾产品为一体、经营多元化的企业，是全国针织行业第一家获得国家银质奖的老字号企业，也是岭南特色民间传统工艺的中华老字号企业之一。其旗下的品牌包括"利工民""鹿牌""秋蝉牌""珊瑚牌""黑妹牌"等。旧时的广州人以穿着利工民的汗衫而自豪，利工民品牌甚至影响至珠三角及港澳地区，到如今，其影响力也已大不如前。

另外，还有一家专营鞋帽的老字号品牌在广州也曾赫赫有名，就是在广州荔湾区热闹繁华的下九路的"鹤鸣"鞋帽商店。"鹤鸣"鞋帽商店的前身是20世纪40年代在上海著名的鹤鸣鞋帽商店，店名源于《诗经》："鹤鸣九皋，声闻于天"。

1948年，鹤鸣鞋帽商店在广州下九路办起"鹤鸣鞋帽商店第八分店"。商店装修豪华，使广州原有的鞋帽商店相形见绌。"鹤鸣"主要经营的是上海出品的时髦新款的男女皮鞋和帽子，品种款式繁多，质量上乘，所以，很快便得到广州、香港等地的富贵人家的青睐。由于经营有方，"鹤鸣"在短短的时间内就令人刮目相看，口碑载道，一举成为当时最有名气的鞋帽商店。"鹤鸣"以优质的产品和售后服务，赢得了许多顾客的信任和赞扬。如今，"鹤鸣"商店由于各方原因已处于歇业状态。

第二节　服饰老字号的兴衰

服装服饰的产生经历了从古猿人的树叶兽皮御寒、蔽体遮身阶段，到氏族公社时期的用骨针简单缝纫而初具服装轮廓，最后到了新石器时代，人们开始种桑、养蚕，缝纫初兴，衣裳（服装）初步形成。

根据北京周口店山顶洞人的遗址发现，有骨针和钻孔的石、骨、贝、牙等装饰品。可见，那时的人们就可以把兽皮缝成衣服了，并学会了装饰自己。到后来，由于逐步掌握养蚕、缫丝、纺线、织布技术，服装进入了布料时代。

据史料记载，在我国的商朝，由于纺织技术的发展，丝麻织物已占重要地位。商代人已能精细织造极薄的绸子，衣料用色厚重。春秋战国时期织绣工艺的巨大进步，使服饰材料日益精细，品种名目日见繁多。工艺的传播，使多样、精美的衣着服饰脱颖而出。西周时，等级制度逐步确立，周王朝设"司服""内司服"官职，掌管王室服饰。根据文献记载和出土文物分析，中国冠服制度初步建立于夏商时期，到周代已日臻完善，春秋战国之交被纳入礼治。从周代出土的人形文物看，服饰装饰虽繁简不同，但上衣下裳已分明，奠定了中国服装的基本形制。

汉初时，由于统治者采取了休养生息政策，经济得到恢复发展，农业和手工业得到了长足提高，当时民间手工业最普遍的就是纺织业，这一时期丝绸锦绣产量极多，汉代的纺织工艺也达到很高的水平。隋唐时期，由于经济文化繁荣，服饰的发展无论衣料还是衣式，都呈现出一派空前灿烂的景象。以后，各朝各代的更迭，服饰色彩、款式也随之变化。

经过了几千年的漫长积淀，中国传统文化包括服饰文化都发展起来，对中国社会的影响可谓深且久矣。

追寻目前存在的老字号，多数的源头可以追溯到明朝、清朝或是民国初年。这一时期虽然中国社会动荡不休，战火不断，但外来的西方文化、先进科技也开始渐入中国。西风渐进也给中国的民族工商业带来了一个良好发展的时机。

一、明清封建社会时期

在西方工业革命的影响传到中国之前，中国基本上还处于封闭的封建社会状态，国民的实际生产能力和消费水平很低。大多数民众的收入只能维持基本的生存需要，很多家庭自己完成种植植物、制成服装的全过程，绝大多数中国老百姓穿着家庭手工织布、裁缝或者自己裁剪制作的棉布衣服。

中国封建社会不同阶层的服装样式有制度规定不能逾越，从面料、样式、尺寸、颜色等方面都有严格的规定。如明代法典规定，只有王公贵族、官员才能使用锦绣、绫史等服饰面料，庶民则只能用绸、素纱。明朝中叶以后，商品经济发展很快，城市更加繁荣，服装服饰求新求变凸显了城市繁荣之后的商业社会的一种特质。专门经营布匹绸缎的老字号应运而生。

总体来看，明清时期的服装消费大多是以满足对服装的基本需求——保暖御寒和遮身掩体为主，也就是说，服装的基本物质功能是消费者希望获得的主要功能。因此，那时人们购买面料或服装是以"结实耐用"为主，于是店铺销售中优质可靠的产品便成为首选，正如俗语所说"人硬不如货硬"。

北京的老字号瑞蚨祥经营一种山东产的土布叫"大捻布"，价格低廉，经久耐穿，很受百姓欢迎。武汉的老字号"谦祥益"绸布店的当家产品是三宝布或三蓝布，即将粗厚的土布通过染整变成宝蓝色的竹布、洋布和官布。"谦祥益"经营的宝蓝官布、宝蓝细布、宝蓝竹布曾畅销武汉三镇及江汉平原城乡。"老字号"产品成为百姓经济实惠、放心的选择。

二、近代纺织工业发展时期

20世纪初，中国近代纺织工业在外国资本主义势力不断侵入、中国半殖民地半封建程度不断加深的背景下出现。一方面，近代纺织品市场的发展为近代纺织工业的兴办创造了条件。另一方面，西方近代纺织技术所带来的经济效益对一些买办、地主商人和手工工场主产生了极大的吸引力，从而促成了民族资本纺织工业的兴起。

近代纺织企业采用大机器生产，提高了劳动生产率，代表着社会生产力的新发展，引起了生产变革和社会变革。

由于机器大生产导致生产成本降低，使"洋布"的售价普遍低于手工纺织的棉布、麻布和丝绸，而且机器织出的布质量更加稳定，由此，老百姓开始选择价格低且质量更有保障的"洋布"。销售手工织布的"老字号"受到巨大冲击，产品滞销，发展受到严重影响。

此外，西方先进思想对中国意识形态领域的冲击还体现在国民的服装打扮上，繁冗拖沓的旧式服装迅速被简洁便利的西式服装或者改良的中式服装取代。

在这段时期，一些"老字号"，如"瑞蚨祥"改变了过去只销售手工织布、绸缎的做法，开始经营各种布料包括机器织布，并制作新式旗袍等服装。一些布店、服装店也开始销售机器织布制作服装，如上海的"培罗蒙"西服店、"恒源祥"绒线店就是20世纪20年代出现在上海滩的新式服装店和绒线店。

这些新的或者是改变了经营思路的店铺，经营的产品虽然跟随时代步伐做了更新，但是依然秉承过去"老字号"的宗旨，提供质量可靠的产品和服务，所以很快又成为百姓心目中的选择。

20世纪初，中国还没有自己的国产毛线（绒线），"买绒线兴圣街"是旧上海一句俚语，兴圣街即永胜路，30年代的上海几乎所有的绒线店都扎堆在那里，销量占全国90%以上。当时，随着国外输入商品的种类日益增多，有的洋行开始销售"毛冷"。这"毛冷"其实就是毛线（绒线）头绳，"冷"是英文"line"的译音。著名的老字号"恒源祥"就在这条街上。

三、新中国成立至20世纪80年代

1949年，新中国建立以后，受封建社会长期经济发展不均衡和战争的影响，国内的生产生活设施遭到严重破坏，重建和恢复生产成为一段时期内新中国的主要任务。

从1949年新中国成立到1984年底这段时间，国家发展跌宕起伏。在这期间，我国的服装产业发展有限，主要任务是满足消费者最基本的物质需要。

这一阶段的早期，用于纺织、制衣的原材料主要是棉花，化纤类纺织物很少，纺织服装产品的产量不仅受到纺织生产能力的影响，同时还受到棉花产量的影响。即使是棉布之类的纺织品，花色品种也相对单调。总的来说，纺织品的产量相对于需求来说处于短缺状态。那时，老百姓还需要使用按家庭人口数发放的布票才能购买到一定数量的布料，其配给量远远不能满足老百姓的基本需求，因此，纺织产业的首要目标就是尽快解决我国广大城乡人民的穿衣问题（图2-10）。

在这段时期，虽然逐渐实现了城镇百姓服装用布的工业化生产，也有工厂

图2-10 公私合营时的老字号"瑞蚨祥"

生产服装成衣，但是，很多人还是购买布匹请裁缝或者自己裁剪制作衣服，购买成衣并不普遍。消费者在选择服装款式方面，除了保障服装的基本功能之外，还受到政治方面的影响。例如，在与苏联合作时期，服装的主要款式是列宁装；后来，军装火，军便装成为最受推崇的服装样式。此时，工厂生产的服装样式简单，数量较少。在相当长的时间里，人们为能够穿上一件新衣服而煞费心思，"新三年，旧三年，缝缝补补又三年"就

是当时的真实写照。因此，20世纪50年代到70年代末，由于受多方面因素影响，国内服装业的发展颇为艰难，同时不可避免地打上诸多政治烙印。

这个时期基本没有品牌的概念。原来的"老字号"由于私营改国有后不再从事以前的经营项目，有的甚至改了商店名称，而提供和其他布店或织布厂一样的产品和服装加工服务，如销售制作列宁装、中山装。

这一阶段后期，社会生产开始趋于正常，纺织服装产品的数量有所增加，但是依然需要凭布票买布。

1978年改革开放以来，纺织服装产品产量持续增长，但相对于同样不断增长的需求来说，依然存在供给缺口。

20世纪80年代初期，布票依然存在，但是纺织服装产品的供应已经没有过去那么紧张，这主要归功于棉花亩产量的大幅提高和人造棉、化学纤维等代棉纺织物的出现。随着纺织品和成衣的不断增加，布票的作用越来越弱，不但购买非棉布纺织品或成衣时不需要使用，而且在购买很多棉质纺织物和成衣时也可以不使用，百姓服装短缺的状态逐渐结束。

值得一提的是，20世纪70年代的时候，一种名为"的确良"的料子流行起来。这是纺织部曾经主持开发化学纤维的成果之一。由于当时中国合成纤维的技术问题始终解决不了，只能用涤纶布制成衣裤，其布料被称为"的确良"，尽管这种面料很不透气，但是看上去挺括、滑爽、不皱，耐穿易干，在当时几乎一衣难求。

另外，在短缺经济的社会下，社会上兴起了"四大件"的说法，包括收音机、自行车、缝纫机和手表。跟服装密切相关的缝纫机在那个年代成为家庭拥有的"奢侈品"。因此，在这一时期，缝制机械工业得到了充分的发展，形成了一批骨干企业：如生产蝴蝶牌缝纫机的上海协昌缝纫机厂、天津缝纫机厂、广州的华南缝纫机厂等。20世纪50年代末，轻工行业对家用缝纫机实行了通用化、标准化，统一了设计图纸，提高零部件的兼容性，使缝纫机生产企业不断增多。截至1980年，全国共有缝纫机生产企业56家，分布在22个省市。

四、20世纪80年代中期至90年代

从1985年1月开始，布票在我国全国范围内停止发放，居民只要使用货币就可以购买纺织品和服装，而且不再有数量的限制。这意味着短缺经济的结束，说明国内纺织服装产品的供给已经基本可以满足人们对纺织服装的实际需求。

不过，在这段时期的初期，服装在面料、款式、裁剪、缝纫等各方面都还处于较低层次，很少出现服装品牌。即便有的服装上贴有某种"品牌"标签，但是这种"品牌"在很大程度上也只是法律意义上的商标，因为纺织产品和服装供给短缺的时期刚刚结束，服装产品虽然可以满足消费者的需求，但是在总量上还没有多到让消费者目不暇接、无从选择的程度。而且，改革开放时间不长，我国与其他国家的服装企业生产交流较少，国外服装产业的先进经验和流行趋势对中国服装的影响有限，纺织产品在花色品种上较为单调，发展较为滞后。但是，服装行业毕竟迎来了发展的春天。

对于老字号服饰企业来说，也迎来了发展的契机。但由于各方面原因，老字号在市场竞争中渐渐被人们遗忘。例如，老字号销售的手工纺织的丝绸和棉织布，被后来出现的机器纺织的丝绸和棉织布取代。丝绸穿在身上虽然显得绚丽华贵，但是易起褶、掉色、洗涤麻烦，棉织布易缩水、掉色、不耐磨，而很多化学纤维或者是加入化学纤维的丝绸或者棉制品，则克服了天然丝绸和棉织布的缺点，而且在手感、外观、穿着舒适度方面也大为改善，价格由于工业化生产的原因大大降低。因此，消费者会选择物质利益更加突出的新产品，"老字号"的优势逐渐丧失，不再能吸引大众的消费者。

五、20世纪90年代后至今

20世纪90年代，我国市场经济建设进度明显加快，消费者需求开始呈现多元化，服装产业从生产到销售，每个环节都更加趋近市场化。主体多元化的生产厂商的出现加剧了竞争的激烈程度，很多国有和集体企业由于管理和生产理念落后而被淘汰。

与此同时，中国国内的一些服装工厂开始如雨后春笋般出现，无论是规模还是技术，或是设计力量方面出现了一些大品牌，例如：雅戈尔、七匹狼等这些日后成为中国服装中坚力量的品牌纷纷进入人们的视野。不仅是男装品牌，这个时期，有一批女装品牌也开始萌芽并崭露头角，例如：例外、玛丝菲尔、江南布衣、白领、歌力思等均诞生于20世纪90年代，而它们都无一例外的是当下最具知名度的领军品牌。

由于国内消费观念和消费水平的提高，加之国际、国内服装市场强有力的竞争，促使服装行业加快产业和产品结构的调整步伐。对于消费者来说，对服装多样化、个性化、时尚化的需求成为主流。这使得原本实力就相对较弱的老字号企业在市场上受到了更大的挑战。很多老字号企业由于不能适应环境的变化，陷入了困境，甚至破产倒闭。

与其他行业（酒业、医药和餐饮、食品）相比，现存的"老字号"服饰品牌无论在数量上还是在经营状况方面都不容乐观。一方面是服饰产品本身的特殊性，人们对服饰的审美观和消费观随着经济、社会及时尚潮流的变化更易发生变化，表现出对服饰产品需求的多样性、复杂性。另一方面，服饰产品市场的充分竞争使服饰的类型也出现多元化，正装、休闲装、运动装、家居服等为人们提供了更广泛的选择。同时，大量国外品牌涌入国内，它们在宣传和推广方面更容易吸引消费者，这些因素不断挤压传统老字号的市场空间，导致消费者的转移或消失。

近年来，随着信息技术的发展和全国范围网络的普及，电子商务以其特有的跨越时空的便利、低廉的成本和广泛的传播性在服装行业中取得了极大的发展，使老字号企业又多了一个挑战。

总之，通过以上分析，影响"老字号"发展的原因是多方面的。如制度方面的因素：中国历史发展的阶段性和近百年战争的频发；技术方面的因素：中国经济实力的总体态势，技术尤其是服装面料制作技术的发展。其中，最重要的一点就是消费者需求的改变，这是服装品牌存续下去的重要条件。随着经济条件发生变化，当原有的消费者需求转向了其他新的产品，当消费者对老字号产品的需求减少或者消失时，这些老字号也就难以存续下去了。

第三节　服饰老字号的机遇与挑战

当香奈儿（Chanel）、博柏利（Burberry）、爱马仕（Hermès）等外国服装品牌的名字和标志充斥都市年轻人生活的时候，瑞蚨祥、内联升或马聚源的名字似乎已被人们忘记。事实上，即使是年长者也未必能想起这些曾经熟悉的名字。

事实上，国外的一些奢侈品牌的创立时间与我国很多老字号创建的时间很接近，例如：爱马仕创办于1837年，博柏利创办于1856年，香奈儿创办于1910年等。为什么欧洲国家或者美国可以发展出世界级品牌的服装和相关产品，并在世界范围内被消费者认可和选择，而同样具有悠久历史的中国服装"老字号"却无法保持当年的显赫地位？这种现象下的深层次原因是什么？老字号未来将如何发展？

2016年8月2日，中诚信品牌实验室（TBL）以"是否会有意识地选择老字号来消费"为主题进行了消费者调查，结果如下。

41.13%的消费者认为老字号最大的优势是品质有保障，这部分消费者占据了大部分；30.85%的消费者认为有历史传承是老字号的优势；还有13.37%的消费者认为老字号的产品有独到之处；14.14%的消费者觉得老字号的本土特色是他们的优势之一。

在调查中问及老字号存在的问题，69.05%的消费者认为有历史传承，但创新不足；20.31%的消费者认为是品牌传播投入不足，知名度下降；也有19.28%的消费者表示老字号的产品质量出现下降；9.25%的消费者认为产品品类太单一；4.63%的消费者认为品牌缺乏独特的个性。

近半数人赞同扶持有历史价值的老字号。对于"如果同类产品中有老字号，您会有意识地选择老字号来消费吗"这一问题，44.91%的消费者选择肯定的答案。

如何看待老字号的发展？45.50%的消费者支持有历史价值的老字号，应予以大力保护；28.02%的消费者认为应该由市场规律来决定，不应该有太多人为扶持；26.48%的消费者选择了折中的态度，认为有市场活力的，应着力扶持；缺乏市场活力的，应逐步淘汰。

一、主要问题

（一）缺少创新理念

创新是发展的源泉，尤其对老字号服饰品牌来说，人们着装的目的已经从实用性向装饰性发展，服饰的社会性功能愈加突出，对创新的需求更加迫切。老字号企业缺乏创新主要的原因是观念落后，"老"是老字号的优势，但也很容易成为禁锢思想、抑制创新的包袱。有的企业经营理念上因循守旧、墨守成规，奉行"酒好不怕巷子深"的保守观念。另外，有的老字号由于具有国企背景或国资色彩，也制约着企业在经营机制、管理方式、产品开发和市场销售方面的创新。

笔者曾对北京瑞蚨祥（大栅栏店）进行市场调查时发现，虽然瑞蚨祥中西结合的建筑外观和大气典雅的招牌给人留下很深的印象，但店内产品经营范围太窄，缺乏有新意的产品，品种单一，店内布局陈旧、缺乏特色。见图2-11。

图2-11　北京大栅栏的"瑞蚨祥"店内一角

消费者的需求处于不断变化之中，"与时俱进"直接决定了老字号的前景。老字号要想得以延续和发展，需要在观念、技术、服务、管理、营销等方面提升创新能力，为企业发展注入新元素。

（二）缺乏创新产品，需要提升品牌时尚性

首先，老字号应先塑造独特的品牌定位，使品牌向时尚、富有内涵方向发展，从步入老年化的状态中焕发生机。

其次，改善产品结构，尝试新的款型。老字号服饰企业之所以经营状况每况愈下，与其产品线过于单一有极大的关系。要想跟上时代的发展步伐，必须将新时代的时尚因素融入其中。只有时尚的服饰产品才会受到年轻人的喜爱，有了年轻的消费者，老字号服饰品牌才能摆脱保守古板的形象在市场里再生。

国外的奢侈品老字号能在现今屹立不倒，最重要还是它们一直带领时尚潮流。它们每年的时装发布会，总是会变成当季流行的风向标。它们的"老"不像我们的老字号只让人联想到古板老套，而是被认为有内涵、有文化。老字号服饰品牌要达到这样的效果必须先让品牌年轻、时尚起来，再通过品牌策划、品牌传播，把"老气"提升为文化内涵。

爱马仕（Hermès）和国内的许多老字号服饰品牌都是19世纪创立，都是服务本国宫廷，初期经营内容都是手工制品。爱马仕最初做马具，但是当汽车开始取代马匹时，爱马仕及时转型跨界，且方向明晰，并未与血统割裂，而是抓住"马匹虽会被淘汰，但各类交通工具仍有无限商机"，定位仍旧是上流社会的"尊贵出行"，生产座椅皮箱皮带手套，直至闻名遐迩的丝巾。它的Logo保留了马车，暗示自己的百年根基和起家脉络，同时也不过分宣扬，而是让时尚与历史保持着藕断丝连（图2-12）。与爱马仕的转型相比，其他众多百年老店总是把"百年"的品牌看作"固守不变"，结果只能是被时代所淘汰。

图2-12 法国奢侈品牌"爱马仕"的标识

（三）缺乏品牌个性特征和代表性标识

1. 缺乏鲜明的品牌个性

长期以来，老字号服饰品牌没有形成品牌鲜明的个性特征，或者说没有一个顺应时

代的鲜明个性特征。

爱马仕品牌一直秉承传统手工艺，不断追求产品无可挑剔，造就了品牌精致、完美的形象，最终形成了其高价与高品质，对高端与细节的坚守的"爱马仕"文化。从这些老字号服饰看，每一个获得良好发展的老字号服饰品牌都有其明确的品牌个性特征。而我国老字号服饰品牌在此方面却是一个缺失。

2. 缺乏代表性的品牌标识

老字号服饰之所以步入品牌缺失境地的另一个重要原因，就是缺乏具有代表性的品牌标识。像爱马仕的S，它的马和"H"标志就是其具代表性的品牌标识。只要从丝巾或者其他服饰产品中看到这个图案就会联想起爱马仕。同样，香奈儿（Chanel）的双C标志、菱形格纹和山茶花图案，也已经是该品牌的标志性图案（图2-13）。形成品牌标志系统中的具有代表性的形象，这种形象从品牌Logo或者品牌文化中延伸出来，通过产品、品牌的相互作用，最终使这些形象具备品牌的指向性，形成有力的品牌传播标识。

图2-13 法国奢侈品牌"夏奈尔"的标识

（四）缺乏品牌的宣传

长期以来，"老字号"企业一直沿用传统的招牌形象和口头传播的方式来进行品牌传播，这大大限制了传播的速度和广度。多数老字号局限在狭小的区域市场，缺少主动传播意识和现代传播手段。尤其是在海外市场，我国的老字号品牌几乎没有影响力，也罕见中国的老字号服饰品牌。对比而言，拥有百年历史的路易威登或者爱马仕都已发展成为世界性品牌，也已经纷纷进入中国市场。

当前，伴随着中国国家实力的增强，中国文化走向世界的舞台，具有中国传统文化特征的老字号服饰企业成为中华传统文化的重要载体，具有很强的历史文化价值和经济价值。有的老字号品牌已经开始尝试迈出国际化的步伐。

"瑞蚨祥"启用了新的品牌标示图，中英文对照，并建立了官方网站，便于海内外消费者认知（图2-14）。2017年，"内联升"与日本三井物产合作的联合时尚潮牌

图2-14 "瑞蚨祥"新的品牌标示图

登陆日本市场。潮牌J.S在日本国内23家、中国的台北和香港门店同期限量售卖，日本的时尚刊物*Begin*也特别推荐，使日本国民感受到了来自中华手工布鞋的造物精神。

长期以来，提起我国的老字号品牌，给人的感觉总是古老、刻板、过时，而这与消费者对服饰产品时尚、新鲜、个性的需求是相悖的，因此，老字号服饰要重焕光彩，吸引年轻的消费者，关键在给予消费者一个新的品牌形象。在品牌宣传的传播途径和方法可以在以下几个方面有所作为。

第一，品牌标识系统，包括品牌的Logo、色彩、图形、代表性品牌标志等。这些品牌的元素容易应用于各种传播介质中推广品牌，加深消费者对品牌的印象和认识。

第二，服饰产品本身给予消费者最真实最直接的体验，只有产品是时尚、年轻的，消费者才会认为品牌是时尚、年轻的。如果忽视服饰产品的展示和体验品牌定位、品牌文化的功能与价值，那么，品牌传播将会显得极其空洞。

第三，店面陈列展示。品牌的店面陈列是吸引和捕获消费者的有力工具，也是品牌文化、品牌内涵、品牌定位外化的最直接的寄托。品牌的陈列展示中既融合了品牌的标识系统，也融合了服饰产品。再加上灯光、道具、橱窗的效果展示和陈列环境的渲染，多方面构成整体传播品牌系统。如何以陈列设计把各要素协调、准确地结合起来是老字号品牌传播中应该着力之处。

二、品牌优势

（一）品牌文化的优势

老字号企业是典型的文化导向型企业，其核心价值便是文化，文化是老字号生存、延续、创新的根本。几乎每一个老字号的背后都有一个充满传奇色彩的品牌历史和故事。

"内联升"品牌名字中的"内"指大内即宫廷，"联升"示意顾客穿上此店制作的朝靴，可以在朝廷官运亨通，连升三级。这三个字包括了其所从事的行业、对自己市场的定位及步步高升的美好愿望。北京最古老的帽子店"马聚源"是专门为清政府做缨帽、专为贵族官僚服务的"官帽店"。新中国成立后，"马聚源"为西藏班禅大师制作过珍贵皮帽；欧美一些国家领导人用的帽子也都曾在马聚源定做。"瑞蚨祥"不仅在清末民初享有较高声誉，是当时达官显贵的首选绸布店，更是承接制作了中华人民共和国第一面五星红旗，并为国家领导人和重要外宾定制服装。这些品牌所蕴含的品牌文化是现代企业难以企及的，老字号品牌具有深厚的历史价值和文化价值。

老字号品牌文化是老字号品牌重要的无形资产。在新的时代赋有新的含义，也成为品牌创新的必要条件。其对于文化精髓的发扬才是品牌发展的关键。

（二）独具特色的生产工艺和产品

质量是品牌的生命。老字号一直对产品质量精益求精，严格控制产品的质量，依靠产品来说话，这是老字号的生存之道。"瑞蚨祥"向达官贵人提供的昂贵官服是专门向绣织作坊定做的面料，保证原料可靠，再通过精心的手工制作，其制作的衣服不但可以作为时装穿着，还可以作为工艺品收藏。京剧大师梅葆玖珍藏的许多戏服，有些就是当年"瑞蚨祥"的精品，有的已属于"国宝级"。

在生产工艺方面，老字号多以师徒制的传承方式并采用手工制作的加工模式，不仅保证了产品质量，更使得制作工艺得以原汁原味地继承。如"内联升"千层底布鞋的制作工艺标准严格、工艺独特、技艺高深。制作过程沿用传统手工制作方式，工序复杂繁多。每道工序都有严格明确的标准，讲究尺寸、手法、力度，要求干净、利落、准确，严格明确的工序标准甚至深入到了工人的每一个动作，是名副其实的"工精料实"。

（三）诚信为本的理念

"老字号"拥有世代传承的技艺、产品和服务，是企业文化的积淀，无形的财富。老字号之所以能代代相传，靠的是一代代诚以做人，信以立业，童叟无欺。无论是北京的同仁堂、全聚德、同升和、信远斋，抑或是南京的绿柳居、奇芳阁等，都是以儒家核心文化"仁、德、和、信"等为经营理念。

坚持"诚信"二字是老字号经营的"金字招牌"。据记载，1900年，当八国联军攻侵北京时，一把大火使北京的大栅栏满目疮痍，老字号"瑞蚨祥"也未能幸免，店内所有账目和物品化为灰烬。在这场巨大的灾难面前，"瑞蚨祥"掌门人没有被困境所摧倒，他毅然向社会郑重承诺：凡"瑞蚨祥"所欠客户的款项一律奉还；凡客户所欠"瑞蚨祥"的钱物一笔勾销。"瑞蚨祥"这非凡的气魄和高尚的商业信誉，在当时社会上引起巨大震动。百年以来"瑞蚨祥"始终坚持"至诚至上货真价实，言不二价童叟无欺"的经营宗旨，诚实守信，让"瑞蚨祥"在百姓中赢得了良好的声誉。

三、发展机遇

随着我国经济的发展以及与世界交流的增多，文明古国的文化日益受到世界各国消费者的关注和喜爱。我国服饰"老字号"品牌的丝绸、棉布或者体现中国特色的旗袍、中式对襟褂等产品已成为中国传统文化的载体，成为追寻中国传统文化足迹的国际、国内消费者新的消费选择。

（一）政府的支持

从整体发展上来看，老字号的保护和发展引起了各级政府的关注，商务部近些年发出了一系列关于推进"老字号"发展的通知，决定通过政策引导、文化宣传等多种手段帮助老字号企业继承和发展传统技艺和文化，对老字号企业来说是难得的机遇。

2006年，商务部启动"振兴老字号"工程，会同相关部门围绕"建立老字号保护体系、促进体系和挖掘老字号内涵"开展了一系列工作，使老字号的发展环境不断优化，发展情况有了很大改善。

2008年4月，商务部等14部门联合发布《关于保护和促进老字号发展的若干意见》，提出17项措施来加快老字号企业创新发展。包括：鼓励发展较好的老字号企业开展资本运作，支持符合条件的老字号企业上市；支持老字号开拓市场；在政府采购和援外物资采购方面，同等条件下优先考虑老字号产品；运用财政资金支持老字号创新发展；支持老字号企业继承、挖掘优秀传统工艺、技术；加强市场营销，深度培育自主品牌等。

2014年2月，为保护和传承老字号，我国商务部重启了对老字号的调研工作。

2017年2月，商务部、发展改革委、文化部、工商总局、质检总局等16部门联合印发了《关于促进老字号改革创新发展的指导意见》，从推动老字号传承与创新、加强经营网点保护、推进产权改革三个方面提出了八项任务。即：弘扬精益求精的工匠精神，保持老字号的原汁原味；实施"老字号＋互联网"工程，促进线上线下融合发展；支持老字号创新经营管理模式，建立现代企业制度；加强老字号原址风貌保护，保留原有商业环境；打造老字号特色商业街，促进集聚发展；推动国有老字号体制改革和机制创新，培育行业龙头企业；建立品牌价值评估体系，发挥老字号品牌价值；鼓励对接资本市场，支持老字号做大做强。

总之，从2006年的"振兴"，到2008年的"保护促进"，再到2017年的"改革创新"，这些推动老字号发展的国家级政策的定位主题或关键词充分表明了老字号的发展轨迹和趋势。至此，我国老字号迎来前所未有的历史机遇，通过促进老字号改革创新发展，使老字号保护、促进体系进一步健全，管理体制更加完善，形成中华老字号、地方老字号多层次共同繁荣发展的局面，由此，也产生了一批文化特色浓、产品和服务质量优、品牌信誉高、市场竞争力强的老字号。

（二）法律法规的不断完善

从现有老字号发展状况看，需要大力加强老字号品牌保护，促进法律法规的不断完善，提升老字号品牌价值。在加强知识产权保护方面，主要工作有：鼓励和支持老字号企业进行商标、域名的注册和专利申请工作；引导和支持老字号企业加快在境外商标注册和商标延展，为老字号企业境外维权提供支持；支持和鼓励老字号争创中国驰名商标；支持企业申报"中华老字号"称号；申报非物质文化遗产技艺；严厉打击侵犯老字号商标、专利、字号、品牌和假冒伪劣老字号产品的不法行为；探索建立老字号无形资产评价体系，对老字号品牌进行合理评估等。

虽然《商标法》和《知识产权法》等有明确规定关于老字号品牌和商标保护的法律法规，但社会上依然大量存在知法犯法、有法不依的现象，借用、套用、借位、微调老字号品牌名称来牟取暴利，假冒伪劣产品侵害老字号品牌形象的事情依然屡见不鲜。

北京的大栅栏是北京市前门外一条著名的商业街，地处古老北京中心地段，从15世纪明嘉靖皇帝修筑外城召百姓居住、召商人易货，盖起棚房店铺形成廊坊，经过600多年的历史沿革，逐渐发展成为店铺林立的商业街。但如今走在这条著名的商业街上，会发现有两家"瑞蚨祥"店。一家是大栅栏街5号，是一座巴洛克建筑风格的商店，这就是名贯京城的中华老字号瑞蚨祥绸布店。另一家是百米之隔的大栅栏33号，建筑物上的一块石刻牌匾，上书五个大字"瑞蚨祥鸿记"。这两家"瑞蚨祥"常常使消费者疑惑，不知哪个是真正的"瑞蚨祥"。其实，在历史上，"瑞蚨祥"和"瑞蚨祥鸿记"是一家子，但是新中国成立后被政府部门确定沿用和继承"瑞蚨祥"字号的只有现在大栅栏5号的北京瑞蚨祥绸布店有限责任公司，而"瑞蚨祥鸿记"已不再是曾经"瑞蚨祥"的继承者，目前被某民营公司承包经营，实际上与"瑞蚨祥"并没有关系了。但因为两家店名都有着"瑞蚨祥"的字样，又同在一条街上，且在一街同侧，相距不过百米，且经营产品又都为丝绸纺织品，使很多人误认为两者是一家，引起消费者混淆，对维护品牌产生不利影响。

另外，苏州稻香村与北京稻香村的商标之争也已延续多年，两家企业均是有着百年历史的企业，两家都以生产糕点类产品闻名，但多年来，由于商标之争对任何一方都造成了损失和伤害，影响了消费者对品牌的好感。

这些珍贵的老字号的知识产权只有得到合法有效地保护，在公平的环境下进行正当的竞争，才能让老字号的招牌在今天的市场环境中依然熠熠生辉。因此，法律法规的完善势在必行。

（三）消费者的新选择

虽然当前老字号的总体发展情况并不乐观，品牌形象也处在低谷期，但中国消费者尊重传统文化的习惯依然存在，老字号的独特招牌依然对消费者具有影响力，老字号仍然具有相当大的市场潜力。此外，传统文化的振兴，社会对传统文化教育的日益重视等，也都对传统老字号的发展产生了极为良性的外部影响。

近年来，随着我国经济的发展，国力的增强，在消费中出现了"国货回潮"现象，唤起了人们对老字号企业或品牌的更多关注。

2008年，由《魔戒三部曲》成名的著名英国影星奥兰多·布鲁姆穿中国回力鞋的照片，迅速传遍网络并引发了热议，好莱坞明星穿"回力鞋"让这个老字号品牌"火"了一把。据说，一双回力鞋在欧美可以卖到50欧元，由此，引发了欧洲一股复古风潮，并迅速回流国内。

回力，这个创建于1927年，到如今已经有91年历史的上海老字号品牌，销量从2009年开始不断翻番，由2008年的不足1.5亿元迅速攀升至2013年的6.1亿元，而到2020年，回力的总销量目标是30亿元（图2-15）。

图2-15　旧时上海街头的"回力球鞋"广告

目前，回力的产品主要外包给外地的12家生产厂，分布在浙江、江苏、福建、广东等地，上海本部只留下管理、研发团队。由此，从鞋厂变成公司是回力的第一次转型——从生产型企业转变为品牌运营的贸易型企业。

2010年9月18日，回力在上海开设了第一家旗舰店。据了解，这个面积300多平方米的旗舰店位于平凉路回力老厂旧址，一个月创下了近170万元的销售额。2015年，回力全年销量达到了6000万双，2010~2015年累积销售1.8亿双，营收和利润总额平均增幅分别为28%和33%。2016年，回力在电商的销售额已突破1亿元。2016年10月，名模刘雯脚踏回力鞋亮相"巴黎时装周"，又引起了一股球鞋复古潮。

因此，面对全新消费环境下的消费者，老字号需要重视审视新群体的消费心理及需求，需要重新定义新群体对品牌的认知，更需要考虑老客户的情感诉求。面对新一代消费群，重新定位品牌，塑造新的品牌形象将是大势所趋。

中华老字号

China Time-honored Brand

第三章

中华老字号的品牌文化与传承

第一节　老字号和品牌文化

一、品牌文化概念

品牌文化是指品牌在经营中逐渐形成的文化积淀，它代表着品牌自身价值观、世界观。品牌文化的核心是文化内涵，具体而言是品牌蕴涵的深刻的价值内涵和情感内涵，也就是品牌所凝炼的价值观念、生活态度、审美情趣、个性修养、时尚品位、情感诉求等精神象征。

简单来说，品牌文化是指文化特质在品牌中的沉淀和品牌经营活动中的一切文化现象，以及它所代表的利益认知、情感归属、个性形象等价值观念的总和。

二、老字号的品牌文化

老字号是中华商业文化的标志，是中华民族商业智慧的结晶，其历经风雨形成的老字号品牌文化以及老字号非物质文化遗产均为历史积淀的产物，蕴含千年商业文明基因。千百年来，老字号发展至今，人员早已改变，产品也不再相同，机器设备早已更新，工艺和技术也发生了变革，但老字号留下的最重要的财富应该就是让消费者能够体会到品牌的精神、个性和文化内涵。无论是文化自信还是品牌自信，老字号都是民族历史传统优秀品牌和文化重要所在，都有着无可比拟的绝对优势。

在消费者心目中，老字号品牌不仅是一种商品的标志，代表着商品的质量、性能及独特的市场定位，更代表了他们自己的价值观、个性、品位、格调、生活方式和消费模式等。同时，消费者所购买的产品也不只是一个简单的物品，而是一种与众不同的体验和特定的表现自我、实现自我价值的道具。因此，在消费者看来，购买某种商品并不是单纯的购买行为，而是对老字号品牌所能够带来的文化价值心理利益的追逐和个人情感的释放。从而消费者对自己喜爱的品牌形成强烈的信赖感和依赖感，融合许多美好联想和记忆。事实上，大多数人对老字号都有一种怀旧情感，也是对过去时光与个人情感经历相连的一种怀念。有学者认为可以充分运用消费者的怀旧情结对老字号进行品牌的长期管理。通过维护老字号的某些经典的、不变的东西来勾起消费者对老字号与个人关系的正面回忆和情感，突出老字号独有的品牌文化特征，从而达到品牌活化的效果。

因此，消费者对品牌的选择和忠诚不是建立在直接的产品利益上，而是建立在品牌深刻的文化内涵和精神内涵上，维系消费者与老字号品牌长期联系的是独特的品牌文化内容和情感因素。品牌文化能够通过产品的物质效用与品牌精神的统一带给消费者更多的高层次的满足、心灵的慰藉和精神的寄托，在消费者心里形成文化认同和情感认同。

（一）品牌理念——瑞蚨祥的品牌文化

北京经营丝绸布面业务的老字号企业"瑞蚨祥"，自1862年创业至今，在这长达一百多年的经营历史过程中，坚持诚信始终如一，不仅是首批颁牌的"中华老字号"，更是被中国商业名牌管理委员会认定为"中国丝绸第一品牌"，这是对瑞蚨祥百余年来品牌经营的充分肯定，实至名归。

今天，当顾客走进瑞蚨祥，仍然能够看到"至诚至上货真价实，言不二价童叟无欺"这十六字的祖训被篆刻在店内的醒目之处（图3-1）。而这十六个字所蕴涵的意义，正是瑞蚨祥百余年来不曾改变的传统理念，体现出了瑞蚨祥一代代经营者的品牌文化信仰。

长久以来，瑞蚨祥秉承着诚信为本的经营理念，为顾客提供最优良的服务。作为新中国开国大典中升起的第一面五星红旗所用面料的提供者，瑞蚨祥的品牌魅力不言自明。

图3-1 北京大栅栏瑞蚨祥店内的16字祖训

（二）品牌价值观——全聚德的品牌文化

作为北京餐饮业老字号代表的"全聚德"创建于1864年，能够一直红火经营，很大程度上是因为它长久以来形成的品牌价值观对历代经营者产生的约束力，以周恩来总理的话说就是"全而无缺，聚而不散，仁德至上"（图3-2）。这已成为今天全聚德集团的核心价值观和企业发展生存的铁律，铭刻在每个全聚德员工的心里，并历久弥新。

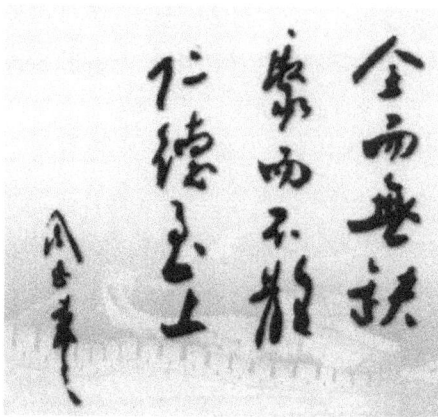

图3-2 周恩来诠释的"全聚德"的品牌文化

（三）品牌精神——同仁堂的品牌文化

北京同仁堂是中药行业著名的老字号，创建于清康熙八年（1669年），自雍正元年始供御药房用药，历经清朝八代皇帝。

同仁堂是在继承祖国传统中医药文化精华，并融入宫廷制药规范的基础上，经过三百余年的实践与创新，中医与中药的结合，所形成的具有自身特色的品牌形象、价值取向、质量文化、经营理念和队伍建设的总和。

同仁堂是祖国传统中医药文化的继承者。中医药理论是祖国传统中医药文化的精髓，它吸收了中国古典哲学和儒家、道家思想的精华，特别强调"天人合一""辨证论治"的理念。

同仁堂的价值取向源于"可以养生，可以济人者惟医药为最"的创业宗旨，它所体现的正是儒家思想的核心"仁、德、善"。

同仁堂质量文化是以药品疗效为核心的全面质量保障体系和现代制药规范。它概括为"安全有效成剂；地道洁净药材；依法科学工艺；对证合理用药"。它所形成的是一种对药品质量高度负责的文化理念，并渗透于制药、营销管理和各项工作之中。

同仁堂经营理念是"诚信为本，药德为魂"。具体体现是以患者为中心的"以义取利，义利共生"的行为理念。它所形成的是"德、诚、信"的思想和诚信文化（图3-3）。

同仁堂自创立伊始，就是在中医理论指导下生产和使用中药，收集并研制有效方

图3-3 同仁堂的中医药文化展

剂，在实践中不断创新与提高。至清末同仁堂有文字记载的中成药已多达近五百种，以医带药的模式传承至今。供奉御药使同仁堂中医药文化独具特色。在供奉御药期间，同仁堂以身家性命担保药品质量，采用最高标准的宫廷制药技术，磨炼出诚实守信的制药道德，使"炮制虽繁必不敢省人工，品味虽贵必不敢减物力"的古训得到了进一步升华，形成了"配方独特、选料上乘、工艺精湛、疗效显著"的制药特色，并得以世代弘扬（图3-4）。

炮製雖繁必不敢省人工

品味雖貴必不敢減物力

丙寅仲夏

康雒

图3-4　老字号"同仁堂"古训

随着同仁堂的快速发展，品牌的维护和提升、文化的创新与传承也取得了丰硕成果。"同仁堂中医药文化"已列入首批国家级非物质文化遗产名录，同仁堂既是经济实体又是文化载体的双重功能日益显现。

如今，同仁堂在海外9个国家和地区设有分店，几乎都是当地最大的中药店，不但药品齐全，而且装潢讲究，体现出中华传统中医药文化的气息。在台北新店里，有不少顾客感言："来这买药，能感到中华文化的魅力，特别是其中这些历史和文化展区，看起来就像一个中药文化博物馆。"作为一个生产中药产品的中华老字号，同仁堂将海外开店、中医药史展示、中医坐诊与售药相结合，通过给消费者一个直接了解中药的环境，增强其对中药的信任和用药习惯。它带给消费者的不只是一种产品，而是一种文化——重义、爱人、厚生（图3-5、图3-6）。

图3-5　同仁堂在韩国的海外店

图3-6　同仁堂在英国的海外店

总之，无论是瑞蚨祥"至诚至上货真价实，言不二价童叟无欺"的重义轻利思想，还是同仁堂"同心同德、仁术仁风"的品牌精神，都反映了我国优秀的传统思想。总体来看，中华老字号的品牌文化传承了中华民族传统文化，体现了中国传统文化中的德、仁、礼、勤、诚、信等方面。

第二节　老字号品牌文化的表现形式

体现中华老字号品牌文化的主要是品牌价值观、品牌精神和经营理念等。从外在的表现来看，老字号品牌文化的表现形式包括老字号的命名、宣传标语、老字号真言、古训、广告语，或者是被人们熟知的口头禅、诗歌等。具体表现形式主要有字号的命名、牌匾、楹联、包装、广告宣传等。

一、品牌命名

中国人取名字历来是非常讲究的。一个人的名字，不仅要考虑到读音的声调，像写诗一样平仄结合，读起来朗朗上口，还要有寓意。名字作为一个载体，也蕴含着大量的社会、文化信息。

同样，中国有非常丰富的店名文化，这不仅包含着历史的沉淀，更折射出中华老字号在各个历史时期中所体现的文化色彩。

总体来看，老字号的命名充分体现了中国人比较普遍的价值取向和文化传承，通俗地说就是追求"真善美，福禄寿"。从"叶开泰"（1637年）、"大顺斋"（1637年）到老字号"谦祥益"（1840年）、"内联升"（1853年）、"全聚德"（1864年）、"瑞蚨祥"（1862年）等，这些品牌总体上映照出一种吉祥、平安、持久、发财的心理状态，及求稳、求和、稳重而又求发展的价值取向。至今，为数不少的中国企业在创业之始的取名也取以上寓意。

从语言学角度看，老字号的命名是公共场所用语，名称取材丰富，是最鲜活的语言现象；从文化角度看，老字号的命名寓意深刻，折射出中国几千年的历史文化信息，是蕴含着丰富文化底蕴的品牌。而且，由于老字号的创立和发展历程蕴含着几代人的艰辛，老字号成为中国经济发展历程的见证，也成为中国传统文化的象征性符号。

我国老字号的命名显示出了品牌的文化特点、地域特点、行业特点、时代特点和经营理念等。

1. 以人名命名

用创始人的名字为字号命名，是老字号常用的方法。

"王致和"是北京著名的腐乳老字号，始创于公元1669年（清康熙八年），至今已有340多年历史，"王致和"即是以其创立人的名字命名。据记载，创始人王致和原本是安徽省宁国府太平县仙源的举人，传说，1669年（清康熙八年），王致和进京赶考落第，受盘缠所困，滞留京城。幼时曾在家做过豆腐的王致和为谋生计，从此在京城开始做起了豆腐生意，尤其臭豆腐声名鹊起。

始建于1817年（清嘉庆二十二年）的老字号马聚源，以其生产的帽子用料讲究、做工精细、货真价实、品种齐全、花色繁多而著称于世。马聚源也同样是以其创始人的名字来命名，至今已有201年的历史。在清末民初时北京城曾流传着一个顺口溜"头戴马聚源，脚踩内联升，身穿八大祥，腰缠四大恒"，用以向别人炫富，可见马聚源的帽子在当时人们心目中的地位。

另外，在老字号命名中还出现了不少带俚俗含义的口语词，如创始于1858年的天津"狗不理"包子铺。其包子铺命名的由来，据说是河北有一年轻人，因其父四十得子，为求平安养子，故取乳名"狗子"，期望他能像小狗一样好养活。后来狗子学做包子的手艺，学成后开了自己的包子铺。由于手艺好，做事又十分认真，迎得十里八乡的人都来吃包子，生意十分兴隆，名声很快就响了起来。吃他包子的人越来越多，狗子忙得顾不上跟顾客说话，吃包子的人都戏称他"狗子卖包子，不理人"。久而久之，把他所经营的包子称作"狗不理包子"（图3-7）。这些俗字眼的出现更具有表现力，更加亲昵，这种命名方式也容易被老百姓接受。

2. 体现传统经营理念

经营理念是老字号经营管理的指导思想。总体来看，由于在我国传统文化中，人们把诚信视为人的立身之本、处世之道，因此，诚信也成为老

图3-7　天津老字号"狗不理"店

字号文化的精髓，成为老字号的立店之本。

诚信体现在老字号经营发展的各个方面。在老字号命名中，也无不体现着老字号重信讲义的经营理念和传统，秉承着诚信经营宗旨。

在许多老北京人眼里，同仁堂的命脉就在这个"仁"上。同仁堂不管炮制什么药，都是该炒的必炒，该蒸的必蒸，该炙的必炙，该晒的必晒，该霜冻的必霜冻，绝不偷工减料。正是同仁堂坚持"同心同德，仁术仁风"的企业精神，始终认为"诚实守信"是对一个企业最基本的职业道德要求，讲信誉是商业行为最根本的准则（图3-8）。

图3-8 老字号"同仁堂"药店店铺

北京的"六必居"酱园，始于公元1530年（明朝嘉靖九年），至2018年已有488年的历史，是京城历史最悠久最负盛名的老字号之一。六必居的金字大匾，相传是明朝大学士严嵩题写，之所以取名为"六必居"，是因为以其产品制作遵循的要求为命名依据（图3-9）。"黍稻必齐"（粮食原料必须备齐）、"曲蘗必实"（必须按配方如实投料）、

图3-9 老字号"六必居"的金字牌匾

"湛之必洁"（浸泡酒曲必须洁净）、"陶瓷必良"（酒器必须优质）、"火候必得"（操作必须掌握适度）、"水泉必香"（必须用上好泉水），这六个必须成就了六必居的辉煌历史。

3. 体现美好的寓意

在老字号的名称中有一部分是来源于古典诗文，体现了创办人良好的文化底蕴。尤其是在意愿、诗词的命名中，更是多用雅词。

如"稻香村"出自宋代辛弃疾的"稻花香里说丰年"，小说《红楼梦》中宝玉给大观园中的李纨居住的院落命名也用到"稻香村"。这些雅词的使用充分体现了中华民族悠久的历史文化和创业人深厚的文化底蕴。

创建于公元1853年（清咸丰三年）的"内联升"，其字号由来"内"指大内宫廷；"联升"示意顾客穿上此店制作的朝靴，可以在宫廷官运亨通，连升三级，表达了人们对美好生活的向往。

因此，老字号命名大都是褒义色彩的词，表达了商家在店铺命名时的意图和希冀。

在一项对老字号命名的研究中显示，发现老字号命名用字出现的频率较高的字有：协、益、正、美、瑞、安、福、元、亨、金、国、泰、顺、良、惠、丰、久、谦、德、达、成、聚、利、生、洪、源、宏、齐、祥、茂、盛、民、裕、全、兴、隆、同、发、合、和、永、昌、恒、义、万、宝、通、大、春、康、庆、玉、升。这些字都体现了人们对生活的追求、希望和愿望，表达了求稳、求和、凝重而又求发展的价值取向。

4. 突出行业特点

现存的老字号大多创立于明清和民国时期，主要分布在食品、餐饮、消费品、医药保健、工艺、服装等行业，在老字号的命名中，其行业特色也非常明显。例如：命名中"堂"字多用于药店，例如：同仁堂、九芝堂、达仁堂、乐仁堂、荣欣堂、宏济堂等。"楼""居""记"多用于饭店，其中"楼""居"多用于高档的饭店，例如"鸿宾楼""第一楼""柳泉居""砂锅居"等；"记"多用于普通餐馆名，例如"张记"。"斋"多用于食品酱菜，例如"六味斋""万象斋""德馨斋"。通过这些用字，能够间接地反映出老字号所在的行业特点和当时的经济发展水平。

从以上取名形式和内涵显现中可看出，老字号的经营者对店名大多非常重视，并考虑到自身条件、传播的便利性、行业性、目标消费者等多方要素。王麻子字号则更有意思，不避讳创办者的缺点，反而将其作为企业命名的一个切入点，充分对接了企业与消费者之间的互动关系。

另外，分析以上资料可见，这些"老字号"的品牌名，其格式大多采用三字格，不仅在视觉上让人感觉力量均衡，达到和谐，而且读起来平仄通畅，音韵响亮。食品类品牌的主要消费者为普通百姓，取名通俗易懂，朗朗上口。医药类品牌大多以经营理念为名，表达养生、济世思想。而以创业者名字为字号的命名方式具有无时代性、无地域性、无行业性特征，真名实姓的字号标志不仅增强字号识别度，也体现了创办者的自信、信任度及其个人魅力，体现了类似如今的企业领导担任品牌代言人的角色功能。

二、匾额和楹联

在中国古代，一个商家的招牌匾额常常被视为信誉的象征，是消费者心中最能代表企业品牌的符号。

"老字号"历来重视品牌的匾额或楹联，对匾额上品牌名书写人的选择十分讲究：有的为皇帝御赐，可遇不可求；大多则请社会名流或书法家书写。匾额一般采取黑漆金字招牌形式，多以楷书为主，不仅象征物阜年丰、财源茂盛之意，也给人稳重、厚实、可靠之感。例如，北京老字号"荣宝斋"匾额出自同治时状元陆润庠；"六必居"匾额出自明朝大学士严嵩；"大顺斋"匾额出自大书法家吴春鸿；"烤肉苑"匾额出自清末代皇帝溥仪的堂兄溥儒；而"王致和"楹联和匾额分别出自孙家鼐、鲁琪光之手，都有其值得言说的背景。

北京鹤年堂成立于1405年（明永乐三年），是由元末明初著名诗人、医学养生大家丁鹤年创建的，距今已有613年。创始人以自己的名字命名"鹤年堂"，内含《淮南子·说林》中"鹤寿百岁，以极其游"的意思，同时也取汉族民俗"松鹤延年"之意，表明了他开办医药铺的目的就是要让人们健康长寿，更好地享受生活的美好。相传悬挂于正堂的"鹤年堂"匾额，是宰相严嵩亲笔手书；在此匾两侧悬挂的"调元气""养太和"这两句鹤年堂养生理念精髓的牌匾，是出自抗倭英雄戚继光亲笔手书，忠奸势同水火，但两人的手迹却和谐地并肩悬挂，共同表现着品牌内蕴。

楹联，又称对联、对子，"老字号"常将楹联放置在店铺的门口、厅堂或旗幌上，并请当时的名人雅士来赋写，意趣深远，不仅书法技艺堪称精妙，其书写的内容更与匾额字号意义相呼应，并对字号的意义作进一步诠释。如同仁堂大门外的"炮制虽繁必不敢省人工，品味虽贵必不敢减物力"；陈李济的木质楹联"火兼文武调元手，药辨君臣济世心"；王致和则以嵌入店名的藏头诗为楹联："致君美味传千里，和我天机养寸心。酱配龙蟠调芍药，园开鸡跖钟芙蓉"。它们构思奇巧并融入了各个字号的文化内涵、志向和经营理念。清三朝重臣、两代帝师翁同龢曾为北京老字号"天福号"题写牌匾；状元陆润庠曾为天福号写过"四海驰名"横匾。著名书法家舒适曾送给天福号一副楹联"天厨配佳肴熟肉异香扑鼻过客闻香下马，福案调珍馐酱肘殊味袭人宾朋知味停车"；这副嵌进"天福"字号的楹联赞美了京城美食老字号。

老字号匾额和楹联在书写人选择上充分运用了现今所说的意见领袖和名人效应，在从商是所谓"下九流"的中国古代文化环境里，借帝王将相、文人雅士提高品牌的注意度和知名度，加大品牌传播的力度和可能性。

三、招牌和幌子

招牌和幌子可以简称"招幌"。招幌的设计理念是根据人们日常生活心理的投射而来的，充分体现了人们对于美好事物生活向往的追求。对于"仁、义、信"等儒家伦理思想道德的提倡也深深地嵌入招幌文化中。中国古时生意人常说"大门脸儿、小铺眼儿"意指无论铺面大小均需一个像样的招牌。

招幌的质地有纸、布、皮革、竹、木、铝、铁、铜、锡等多种，一般分为"文字幌""形象幌""实物幌""象征幌"等，以图案、造型和文字符号传播招徕信息为内容。许多招幌在色彩使用、形状、质地上约定俗成，以其特有简明标识引导着消费者（图3-10）。

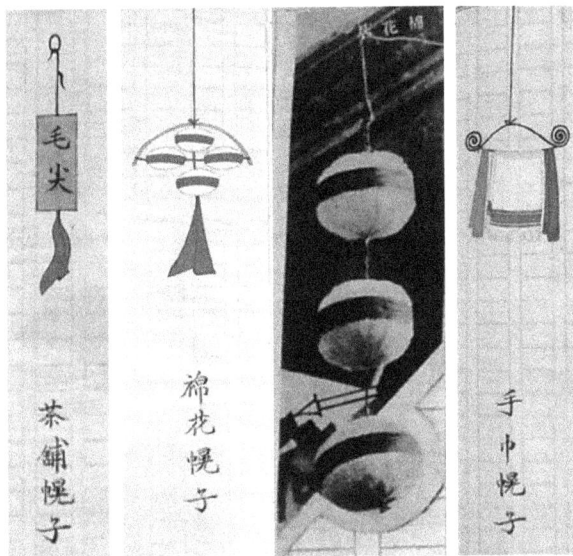

图3-10　旧时商店各种各样的幌子

中国民间有"染坊门前挂兰布"之说，是指染坊门前高悬染成的兰布。酱园的幌子一般以方木牌或扁平葫芦形木牌标示。山东老字号玉堂酱园（1714年）至今保存有两块宝葫芦形旧招牌：一块写"姑苏老店，进京腐乳"；一块写"姑苏老店，五香茶干"。饭店业中，红色幌代表汉家饭店，蓝色幌则代表清真饭店。

最早出现在记载中的幌子就是"酒旗"。"酒旗"是一种三角形布幌子，在唐诗宋词中常常可见到酒旗的身影，如杜牧的《江南春》里就有"千里莺啼绿映红，水村山郭酒旗风"的诗句。幌子在之后的经济生活中慢慢发展出多种形式。与招牌侧重店铺特色略有不同，幌子更侧重对于行业的通用标识作用。历朝历代，幌子与招牌不断改进、趋于成熟，呈现出丰富多彩的形态，并相互结合，彼此依托构成一个更加丰满的店铺形象。著名古典小说《水浒传》里写了宋代60多家酒店，也有关于酒家幌子的描写。如蒋门神在"快活林"霸占来的大酒店前插有两把销金酒旗，每把旗上都写着几个金色大字"醉里乾坤大，壶中日月长"。广告词写得对仗工整，意味深长，是不可多得的酒类广告。"武松景阳冈打虎"一段中妇孺皆知的"三碗不过冈"的幌子，仅仅五字，就能让酒客不醉不归。

老字号"六必居"清代招幌属文字幌。古时"张小泉"（1628年）的铺头前悬挂着的一把大剪刀，为实物幌，这把大剪刀不但告知店铺经营信息，也代表张小泉店铺本身，如同麦当劳店铺前的黄色M标志。幌子在夜间不便看到，因此，像太原老字号"清和元"（经营早餐）这样少数做凌晨或夜间生意的"老字号"，幌子便以灯笼代替，方便顾客寻找。

招幌种类繁多形式多样，实物招幌一目了然。商家卖什么就挂什么，让顾客有直观的感受。这种方式简单便捷，取材灵活，而且成本低廉，最主要是直观明显，也是一种经久不衰的招幌模式。如卖麻的商铺前面经常悬挂一束长麻；而水果店前常常悬挂一串时令水果来招徕生意；金银首饰铺前则常常悬挂较大的金簪模型；烟袋铺门口悬挂一只巨型的烟袋模型为幌；梳子店用一只巨型梳子模型作为幌子等。模型幌子往往都会通过夸张实物形象来吸引人们的注意力。

由文字类招幌发展演变而来的还有立在店铺门侧的巨大竖式广告招牌，被称为直立通天招牌。例如：同仁堂门外竖立的直式通天牌上书有"祖传秘方遵古炮制各种丸散膏丹；零整批发川广云贵各地生熟药材"。这种招牌气势大，视觉效果强烈，让人很远即可看到，类似现今的户外广告牌。

另外，招幌的造型及图案也往往使用鲤鱼、双鱼、金鱼、莲叶、莲花、蝙蝠、桃子、石榴、元宝、葫芦等图案纹样。如鲤鱼是"利余"的谐音；莲花莲叶有连年之意，比喻长寿；蝙蝠通"福"音，包含幸福之意；葫芦更是有神仙之意，一般药铺酒铺都用此来表达仙药仙酒的含义。

总之，招牌幌子是民间市井商业文化的一个重要组成部分，是中国传统商业广告文化的物质遗存，更是民族民俗艺术的体现，是老字号品牌文化的重要组成部分。

四、包装和广告

包装作为产品的"无声的推销员"，是品牌销售中的主要工具和有力的竞争手段。"老字号"的产品包装，充分体现了中国文化的民族性和文化意义，是老字号品牌文化的一部分。其材质大多用纸、陶罐等，并利用包装传播品牌理念、产品特色，使其成为与消费者沟通的重要渠道。

据考证，我国湖南沅陵出土的元代包装纸，是世界上最早的纸质包装广告，包装纸上有板刻文字和朱色印记，说明了店铺的详细地址、所售商品的品种、质量和特性，据考证这是当时长沙城一家油漆颜料店印制的。

中国是商品经济最发达的国家之一，商人们早就具有广告宣传意识。北京大栅栏里的老字号，当年使用的包装纸上都印有"货真价实，言不二价"之类字样。而各家老字号的经营者在包装上也动过一番脑筋。例如，北京"信远斋"（1740年）的糖葫芦不用竹签，每一颗山里红或海棠均单个独立，硕大而干净，放在垫了油纸的纸盒中。"鹤年堂"门市经营中的药品，采用分别包装的办法，在每一品种的包装内都放有"图说内票"，票上印有药名、产地、气味、主治何病和药的图形。顾客买药后，可以对照说明查对，其实就是我们现在的药品说明书。"王致和"则将那四句藏头诗印在商品包装上，作为王致和酱园文化象征，一直流传下来。书画行"荣宝斋"当年的包装纸上面的文案标明店名，介绍经营商品，标注店铺地址，其实就是一则印刷广告。

值得一提的是上海老字号"鹤鸣鞋帽店"的广告。1936年，杨月光创设鹤鸣鞋帽商店，店招"鹤鸣"二字，取自《诗经·小雅》中的诗句"鹤鸣九皋，声闻于天"，意在立鹤长鸣，一鸣惊人。商店主营各式皮鞋和各类帽子，品种、花色、规格、尺码非常齐全。鹤鸣鞋帽商店在创始人之子杨抚生的打理下发展很快。自1939年南京路上开出首家分店，至1951年杨抚生离沪去港前，在上海拥有一家制造部，而在上海、香港、广州、南京、台湾、长沙等地共设分店十数家。这种扩张速度在当时的鞋帽行业中可谓绝无仅有。杨抚生的成功并非事出偶然，其大手笔的广告宣传攻势功不可没。如广告语"三人行必有我师，三人行必有我鞋——鹤鸣鞋帽店"别出心裁，引起了市民的很大兴趣。1936～1949年，仅《申报》就先后刊登了160多幅广告，内容新颖而耐人寻味。其中一幅"天下第一厚皮"的漫画广告，让"鹤鸣"家喻户晓（图3-11）。

老字号产品的独特包装或广告，使各家产品分别在产品外观、使用说明、售后服务方面与同类竞争产品形成鲜明区别，不但周到贴心，无形中更大大增加了自己品牌的辨识度，提升消费者的忠诚度。

图3-11 旧时《申报》所登鹤鸣"天下第一厚皮"广告

五、店铺陈列和服务

店铺内具有特色的物品是老字号的"辨认符号"。如山西"益源庆"店内的清代制醋铁甑，因为此类物品大多外形独特，引起消费者注意，易于辨认，而成为消费者记忆店铺品牌的一种线索。还有把一些门对横批作为店铺布置的重要表现，也是老字号的共同特色，如"王致和"将孙家鼐写的那两幅藏头门对，雕刻在4块门板上，冠顶横读为"致和酱园"。

如今，老字号在店铺设计和理念上有了更大的突破，不但希望通过店内的环境设计使顾客获得良好的购物体验，还把店铺布置作为品牌文化的一部分。例如：北京老字号"全聚德"运用店铺布置来开展特色品牌文化活动。如，全聚德和平门店是全聚德的总店，是接待外国元首、政要，举办国内外宴会的重要场所，"名品名店聚名人"，该门店以"名人文化"而著称，环境风格力求高雅、祥和，努力营造驰名品牌服务环境。而全聚德前门店素有"天下第一楼"的美誉，该店在店铺陈列上主要突出"老店文化"的特色，店内装饰显示出古朴典雅的京韵，渗透着浓厚的传统文化底蕴。特别是店内立着一面斑驳古朴的灰色砖墙（俗称"老墙"），并于2011年被认定为北京市级文物保护单位，这面墙标志着"全聚德"的历史，也成为前门店的"门脸儿"，消费者进店品尝菜品的同时，还可以体验"老店文化之旅"。再如，全聚德王府井店定位于"王府文化"，以王府盛宴系列宴席为特色。店内建筑以王府风格为主，融合了皇宫王府的庭、阁、轩、堂风格，尽显王府华贵文儒之气等。

在服务方面，老字号大都秉承了"和气儒道"的商业观念，遵循"买卖不成仁义在"的传统生意经，对顾客不分贵贱老少，都是"来必迎、去必送"，务必让到店买主乘兴而来、满意而归。

总之，老字号通过字号命名、招牌、楹联、店铺布置、包装、广告、服务等共同形成一组具有特色的文化符号体系，呈现了品牌文化的视觉表达及文化内蕴。

第三节　老字号品牌文化传承

老字号品牌文化一直是企业的优势资产，这种文化优势，曾经作为老字号企业的核心竞争力带领他们创造了耀眼的成就。然而，优势文化向来都是一种动态中的稳态，若老字号企业不能跟随时代的脚步而为其优势品牌文化增添新的内涵，那么这种优势也会逐步成为企业发展的阻碍。

老字号文化传承既是对已有的品牌优秀文化的继承或重新找回，也是在新时代的背景下重新审视已有文化，吸收新文化，从而带动老字号形象的重塑，增强老字号企业核心竞争力。

老字号的品牌文化具有可传承的文化特征，这种可传承的文化表现在多方面。如以诚信为核心的经营理念，唯才是举的人才理念以及老字号所承载的大量非物质文化遗产等。如北京同仁堂的中医药文化、荣宝斋的木版水印技艺、上海的"白玉兰"真丝、亨生奉帮裁缝缝纫技艺、龙凤旗袍手工制作技艺、鸿翔女装制作技艺、大美华布鞋制作技艺等都是"老字号"非遗技艺的典型代表。这些老字号是我国非物质文化遗产宝库的重要组成部分，是历史文化的特殊载体，传承千年，历久弥新。

老字号非物质文化遗产技艺历来遵循严格的传承制度，有家族传承，也有师徒传承等。如创建于明朝永乐十四年（1416年）的北京"便宜坊"烤鸭店，经过几代传人反复钻研，独创了焖炉烤鸭技艺。焖炉由砖和耐火材料砌成，先将炉膛加热到特定的温度，然后去掉明火，将用各种调料加工酿制好的鸭坯挂入炉内，关闭炉门，使用炉膛辐射温度焖烤，出炉的烤鸭外酥里嫩，口味鲜美，享有盛誉。如今，便宜坊焖炉烤鸭工艺已经传承六代。

绵延不绝的传承，延续绝活绝艺，延续发展的使命，让老字号具有悠久的历史文化记忆，具有独特的产品和技术壁垒。这种可传承的文化，正是老字号文化的生命力所在。

一、老字号品牌文化传承中的问题

（一）品牌形象模糊，品牌传播不够

据有关调查显示，消费者对老字号的认同度较高的是"诚信"和"传统"两项。这反映出老字号在大部分消费者的心目中是"货真价实""诚信无欺"的形象。但是，消费者难以区分提供同类产品的老字号之间的差异，这也反映出老字号的品牌个性特征不够鲜明。

许多老字号企业对品牌宣传的力度不够或侧重点不准确，宣传的途径过少。主要表现在：一是对品牌定位不准确，传播中重在宣传其"传统特色"，没有时代色彩；重在宣传其"古老文化"，缺乏现代文化的融入；导致不能吸引当今消费者的关注。二是普遍存在以"老"自居、"皇帝的女儿不愁嫁"、"酒香不怕巷子深"、"百年品牌已深入人心"等保守思想，忽视通过广告、公关活动、公益事项等多种途径对品牌进行主动宣传，而更依赖于一些老顾客的口碑传播，从而限制了传播的速度和广度，降低了品牌的知名度和美誉度。三是缺少通过对不断更新换代的消费者品牌情感的持续培养来形成品牌认同感，使得顾客群体转移甚至消失。

（二）产品缺少时代特点

对品质的追求是老字号企业经久不衰的一个重要原因，每一家老字号企业几乎都有一门独特的技艺，这是其发家的基础。但随着时代的发展，消费者口味的变化，老字号在坚持产品"质量至上、精益求精"工匠精神的传承的基础上，也需要了解新的市场需求，开发新的产品系列。当前存在的主要问题有：

第一，产品创新不够。许多老字号企业对时代的发展变化考虑不足，对消费者的喜好和消费观念的变化研究不够。只固守产品的传统特色，使得产品陈旧和品种单一，造成产品滞销、门庭冷落。

第二，生产的现代化程度低。许多老字号企业在生产中不注重采用新工艺与新技术，而是过度迷信老手艺，多采用手工制作，使得其产品的产量低和质量不稳定，产品的科技含量低和附加值低，难以满足现在消费者的需求。

（三）经营管理方式陈旧

有些老字号企业的员工培养模式仍沿用师傅传徒弟，没有系统、科学的培训手段，直接影响老字号企业的发展壮大。同时也没有建立与市场经济相适应的管理体系，缺乏谋求创新发展的内在动力。在经营方式上，没有形成利用法律来维护产品质量和商业秘密的理念。特别是靠手工操作和靠独特工艺和口味的，更多地强调"继承传统"和保持"传统特色"。为保证产品质量，保护"祖传秘方"，经营者信奉着"只此一家，别无分店"的经营思想。

总之，老字号企业需要加快自身结构的调整和创新，在传承民族精神文化遗产和产品技艺的同时，赋予它新的生命力以适应时代的发展。

二、文化传承是老字号创新的基础

历史上，很多盛极一时的老字号因为种种原因而消亡，沉淀下来的，自有其独到的方法。其中，敢于创新、敢于变革、敢于突破是老字号存活下来的重要条件，在文化继承基础上的创新是老字号发展的核心内容。

老字号的"创新"很大层面上体现在对社会主流生活方式的把握和适应上。民国年间，北京东来顺饭庄在东安市场建成了三层楼房，不仅改良羊肉切肉技艺，还对佐料进行改革，形成独特风味，又引进西法大虾、葱烧海参等菜品，形成爆、烤、炒、涮俱佳、小吃品种齐全的格局，在北京声誉鹊起。百年茶庄吴裕泰将时尚理念融入传统文化，深入挖掘产品内涵，将中国茶文化与产品、营销紧密结合，积极探索茶叶深加工，努力实现茶产业的多元化发展，不断推出了茶月饼、茶食品、茶冰激凌等一系列茶叶深加工产品（图3-12）。

面对时代的变化、社会的变化，消费者生活方式的变化及老字号自身定位的变化，创新才有发展的可能，创新才能使老字号基业长青，才能够适应当

图3-12　北京老字号"吴裕泰"茶庄

前市场和主流生活方式，在创新中求得发展。这种创新的文化，正是老字号企业发展的动力。

第一，引导老字号开展传统技艺创新。北京鸿宾楼（创始于1853年）的厨师在研究传统食材及菜谱的基础上，推陈出新，研制出口味时尚、更富营养的新版全羊席，成为现代清真美食的代表作，这就是一种很好的技艺创新，也是文化创新。再如，2014年11月的"APEC会议"水立方国宴上，全聚德烤鸭便是从幕后走到前台，以"盛世牡丹烤鸭"的匠心独运以及"乳鸭戏水"的形神美味，将烤鸭片制与象形艺术完美结合，将传统的卷鸭吃法融情于景，令食客在品尝传统美味的同时体会到中国传统文化的深邃意境。

只有不断创新，使老字号传统技艺不断精细化、高端化、艺术化，符合现代主流审美和消费需求，老字号产品才会更有市场生命力。

第二，推进老字号现代管理体制创新。引入现代标准化经营管理体制与规范操作流程，推进老字号参与国内、国际标准化体系等认证。

一方面为企业松绑。对存在体制、机制束缚的老字号企业，特别是国有股占大头的老字号企业，应该通过政府引导增强企业自主决策权，鼓励企业创新。例如，北京二商集团承担着18个老字号传承发展的历史重任。"王致和""六必居""月盛斋"这些家喻

户晓的老字号是其集团旗下最具典型的非遗项目。作为首都拥有老字号数量颇多的食品企业集团，二商集团老字号近年来通过坚守传统制作技艺，不断研发新产品，建设产品科普馆、文化博物馆发展文化创意产业，实现了二商老字号企业的快速健康发展。

另一方面，积极整合优势资源，集中做精、做强一批，帮助老字号企业通过上市、融资等现代企业运营手段，引导企业品牌价值迅速提升。

另外，加快老字号企业的现代化、品牌化发展，主要途径是连锁化、资本化、国际化建设。要鼓励老字号企业通过连锁经营等现代流通方式加快发展，鼓励有条件的老字号企业通过连锁经营向外埠发展，实现国际化开拓，积极传播和发展老字号文化。

对于发展后劲不足的中小老字号企业，可以引入"孵化器"机制，通过孵化器为企业提供良好的环境和条件，提供研发、生产、经营的场地，通讯、网络与办公等方面的共享设施，系统的培训和咨询，政策、融资、法律和市场推广等方面的支持，使老字号企业尽快把文化技术成果转换成有形的市场价值。

第三，加强传承人梯队建设，稳定传承队伍，确保传承质量。

老字号都有传统的产品和技艺，老字号的"技艺"是其创造者和传承人依托于某种环境条件、工具所创造出来的绝活、绝技、绝艺，这"三绝"拥有其独到性和难以模仿复制的特点，因此，把老字号"三绝"纳入到"非遗"当中进行保护，实质上是保护商业历史记忆、保护多样性的商业文化的表现。而且，在保护老字号技艺的同时，也进一步激发人们的商业智慧和创新精神，促进掌握"非遗"的老字号企业把历史文化价值和技术价值变成市场价值，把产品变成品牌，树立老字号年轻而富有活力的形象。

目前，北京老字号已有81项"非物质文化遗产保护"项目，同仁堂、全聚德、荣宝斋、内联升等近20家老字号企业已经建立了博物馆或"非遗"展厅。2011年5月，北京前门打造了全国第一条老字号商业街——鲜鱼口老字号美食街，街上的店铺主要是老字号品牌。

近年来，众多老字号品牌陷入人才断档、后继乏人、传承断层的境地。年轻人不愿意学手艺的现象日趋严重，这种人才发展中"工匠精神"的缺失，不仅让"老字号"品牌甚至很多非物质文化遗产陷入继承荒，也抑制了老品牌自身创新创造活力的迸发，更让中国制造遭遇"人才瓶颈"。

为了使老字号非遗项目和传承人工作得到保护和传承，一是要加强生产性保护，因为生产性保护能够使优秀的非物质文化遗产恢复"造血"功能，使其生命力得到延续，为其开拓广阔的生存发展空间。二是要结合市场变化和消费者的需求，开发新产品、新服务，要在信息科技发展的大背景下，将传统技艺注入更多的现代因素和科技含量，与时俱进，将老字号非物质文化遗产的社会价值和文化价值最大程度地转化为经济价值。

有"世界创意产业之父"之称的约翰·霍金斯2011年在杭州"中华老字号文化创意产业论坛"上为中华老字号产业"把脉"。他说，一件机器加工的西装可能只需要几十英镑，而一件纯手工西装可能需要一千英镑，巨大的价值差异不但是对手工工人劳动的尊重，更是对文化和历史的尊重。他提出，中华老字号应该学着兼顾传统文化和现代文化，学会适应市场又不迎合市场，利用自身所具有的各种资源，与文化创意结合，形成品牌集群效应。

总之，在市场上同质化产品越来越多的今天，企业之间的竞争就是品牌的竞争，更是品牌文化之间的竞争。品牌是文化的载体，文化是品牌的灵魂。老字号企业必须在文化传承的基础上，顺应时代发展，进行文化创新，不断对品牌文化注入新的内涵，形成传统文化与现代文化相融合的品牌文化，唯有如此，才能在市场竞争中获胜。

中华老字号
China Time-honored Brand

第四章

中华老字号的品牌价值与品牌创新

第一节　品牌价值的含义

一、品牌价值的定义

品牌不仅仅是一个名称、名词、标记或符号，而是消费者对一个企业及其产品过硬的产品质量、完善的售后服务、良好的产品形象、美好的文化价值、优秀的管理结果等所形成的一种评价和认知，是企业经营和管理者投入巨大的人力、物力、财力甚至几代人长期辛勤耕耘建立起来的与消费者之间的一种信任。

从消费者的视角来看，品牌价值是指品牌在需求者心目中的综合形象，包括其属性、品质、档次（品位）、文化、个性等，代表着该品牌可以为需求者带来的价值。从生产者的角度来说，品牌价值是拥有品牌的企业除了有形资产如产品、厂房、设备等之外，所具有的一切正面信息如知名度、美誉度、普及度、行业地位、公共关系等的总和。

由于品牌拥有者可以凭借品牌的优势不断获取利益，可以利用品牌的影响力开拓市场，可以利用品牌的资本实力发展业务，这些都是品牌价值的一种体现。这种价值虽然不能像物质资产那样用实物的形式表述，但它能使企业的无形资产迅速增大，并且可以作为商品在市场上进行交易。因此，品牌价值的理念已为人们所认可。

二、品牌价值的评价指标

由于价值理论的多样化，品牌价值的评价指标被赋予了不同的内涵。

戴维·A.阿克（David A.Aaker）（1991）将品牌资产的价值确定为由品牌知名度、忠诚度、品牌联想、品牌质量感知和其他品牌专有资产共同组成的。除此之外，作者利用品牌资产的五要素模型进一步的扩展、深化，从而提出了品牌资产的十要素模型。包括忠诚度评价（价差效应，满意度/忠诚度）、品质认知/领导性评估（品质认知，领导性/受欢迎程度）、联想性/区隔性评估（价值认知，品牌个性/企业联想）、知名度评价

（品牌知名度）、市场状况评估（市场占有率，市场价格和渠道覆盖率）。

凯勒（Keller）（1993）的研究主要强调了品牌价值取决于消费者的认知的基本观点。消费者对品牌的认知与体验是品牌价值的基础。因此，一个好的品牌是基于显著性、形象、绩效、感觉、评判、共鸣这六个维度进行评价的。

英国英特公司从财务和市场的角度，将品牌强度定义为领导力（品牌的市场地位）、稳定力（品牌维护消费者特权的能力）、市场力（品牌所处市场的成长和稳定情况）、国际力（品牌穿越地理文化边界的能力）、趋势力（品牌对行业发展方向的影响力）、支持力（品牌所获的持续投资和重点支持程度）、保护力（品牌的合法性和受保护的程度）七大要素。

总体来看，主要有三类品牌价值的评价方法：一是基于财务因素的评价方法，如成本法、市场价格法、股票价格法、收益法等；二是基于市场因素的评价方法，英特品（Interbrand）评估法、金融世界评估法、世界品牌实验室评估法、福布斯评估法等；三是基于消费者因素的评价方法，如品牌财产评估电通模型、基于消费者的品牌价值模型、品牌资产引擎模型等。

不同的管理咨询机构采用不同的方法对品牌价值进行评估。2017年9月，全球最大的品牌咨询公司英特品（Interbrand）发布了2017全球最佳品牌100强。跟传统的世界500强榜单不一样，一个品牌的价值并不仅仅由营收数据所决定，从榜单来看，排名前十的品牌都是大家耳熟能详的，依次是：苹果、谷歌、微软、可口可乐、亚马逊、三星、丰田、Facebook、奔驰、IBM。

再如，英国品牌价值咨询公司（Brand Finance）是世界知名的品牌价值及战略咨询公司，每年都会评估全球数千个知名品牌，并在年度"Brand Finance全球500强"报告中列出最具价值的品牌。据悉，上述机构在计算品牌价值时考虑了多重因素，其中包括品牌强度、品牌授权潜在价值、未来的销售额等。榜单同时也考虑到了品牌未来收益的归属。在2017年的评选中，Brand Finance公司是以"一家公司愿意就像未曾拥有其品牌一样为之付出"为计算值量，评选维度包括公众熟悉程度、忠诚度、推广活动、营销投资、员工满意度以及企业声誉等。在Brand Finance公布的2017年全球最具价值品牌500强榜单中，谷歌击败苹果，以1094.7亿美元的品牌价值位居榜首。

三、老字号的品牌价值

由于历史悠久和曾经的辉煌，老字号具有良好的信誉和广泛的知名度，其品牌价值不仅附着于产品的使用价值上，而且其品牌名称本身就是一种无形资产。老字号企业品牌价值是日积月累起来的，有着广泛的市场认同，是一种无形的品牌资产。老字号不仅具有文化传承价值，同时又具有品牌商业价值。

2006年，由中国品牌研究院发布的国内首个《中华老字号品牌价值百强榜》中，北京同仁堂以29.55亿元的品牌价值高居榜首，全聚德以15.36亿元位列第10，东来顺以9.34亿元位列第16位，牛栏山以5.82亿元位列19位，可见老字号品牌价值是巨大的。

2016年12月12日，由中国质监总局发起，中国品牌建设促进会执行的中华老字号品牌价值专项评估和发布。这次品牌评价范围全面涵盖农业、制造业、服务业等，品牌评价的种类涉及企业品牌、产品品牌、区域品牌和自主创新品牌，其中首次对中华老字号品牌价值进行的专项评价和发布格外引人注目。在这次评价中，青岛啤酒以357.87亿元的品牌价值位居老字号企业品牌价值的首位；东阿阿胶以340.53亿元的品牌价值紧随其后；片仔癀位列第3，其品牌价值达到248.23亿元。稻香村食品集团有限公司、全聚德以及中茶集团同样表现出了强大的品牌竞争力，分别以112.34亿元、91.12亿元和28.76亿元分列第7、第8和第11位。另外，传统老字号郫县豆瓣以649.84亿元名列地理标志产品区域品牌第3名。

2017年2月，在国务院发布的"关于促进老字号改革创新发展的指导意见"中提出：注重发挥老字号品牌价值。建立和完善老字号品牌价值评估体系，量化老字号无形资产价值并依法确认所有权。开展品牌价值评价、发布、推广、技术服务等活动，实施商标品牌战略，不断提升老字号品牌价值，推动打造国际知名的老字号品牌。鼓励以品牌作价入股方式，解决部分老字号注册商标专用权、所有权和使用权分离问题，为老字号持续健康发展提供保障。在老字号改制重组过程中，要注重对老字号品牌的保护和开发，注重对主营业务的传承和延续，对老字号品牌的投入应"只增不减"。修改完善老字号标识使用规定，指导老字号企业规范使用老字号标识。

第二节 老字号品牌价值的构成

近年来，我国的一些学者开展了针对我国老字号品牌价值的研究。

彭博、晁钢令（2012）指出，老字号品牌具有很强的历史文化价值和经济价值。激活老字号品牌的历史文化价值需要从产品开发和技术创新、建立以情感诉求为基础的消费者关系、品牌延伸等方面开展进行。

王成荣等人（2012）指出老字号品牌的文化价值作为有别于一般品牌的重要组成因素，更多地体现为一种影响力和意义，它不直接对应于品牌在市场上能获得经济回报，但是可以通过消费者对其的认知将这种历史文化价值转化为市场价值。

陈亚荣、孙晶路（2013）通过市场、消费者和老字号本身三个不同的方面，构建了市场强度、消费者强度和老字号强度三个方面不同的15个要素指标的品牌价值强度体系。

王成荣、王玉军（2014）认为，品牌价值包括市场价值、社会价值和文化价值三个部分。他认为品牌的价值取决于生产者的投入与消费者认可度的契合程度，而两者又是相互依存的，换句话说，品牌的投入越高，消费者相对认可度越高，而消费者的肯定一定会促进品牌进一步升级，从而共同促进品牌价值的上升。

陈思思（2016）在研究中医药行业老字号价值评估的时候提出中医药老字号的品牌价值构成为诚信可靠、品质保证、历史文化和情感联结四个要素。这四个要素会影响消费者的情感性价值和功能性价值，从而促进消费者忠诚度。

胡悦（2017）从企业、市场和消费者的角度，结合老字号品牌的特征属性，将品牌价值要素指标分为历史文化、创造力、产品与服务、市场竞争力和社会责任五个要素。

总体来看，学者们认为老字号品牌价值来源于品牌拥有者的特殊劳动创造和市场消费者的认同，老字号品牌价值主要包括三个组成部分：市场价值、社会价值和文化价值。

一、市场价值

市场价值表现为消费者对品牌的认可，简而言之，就是该产品是否能被市场所接受。一旦一个老字号失去了市场价值，那其他价值都无从谈起，因此，市场价值是老字号品牌存在的基础前提，老字号品牌在市场中的表现可以从市场适应力、市场地位、竞争优势来体现。

产品与服务作为老字号品牌的灵魂，其质量保证、诚信经营的形象是在漫长岁月中消费者认同的结果，这也是普通品牌所不具有的。如，张小泉剪刀使用优质的钢材作为原材料，加之精湛的工艺使产品远销海内外；杭州老字号"楼外楼"对食材的精挑细选和周到的服务，使它成为每个来杭州的游客必去之地。正是老字号品牌这种对产品与服务质量的追求，对售后服务的严格要求，促使消费者对老字号品牌的购买。

"货以店著，名以货扬。"和所有成功的品牌一样，"老字号"的品牌价值得来的本质原因还是品牌的质量。每家老字号都具有独门"绝活"，常以"秘方"及不可示人的繁复"工序"体现，如可口可乐配方保密一样，"绝活"技术有自己严格的传承制度，从而成为老字号的核心竞争力和核心价值。

如何实现老字号的市场价值，南京的古南都集团的做法值得借鉴。古南都集团是南京一家地方企业，主营餐饮、客房、食品、综合经营四条产业链，下辖品牌企业近30家。近年来，古南都集团并购了众多南京餐饮老字号企业，包含1845年成立的马祥兴、1875年成立的建康饭店（原集贤旅社）、1901年开业的永和园和1912年成立的绿柳居等一批蜚声海内外的知名品牌。在总体市场环境不景气的情况下，古南都集团旗下老字号品牌企业的业绩不断创下历史新高。尤其值得一提的是，作为南京极具代表性的地方品牌，绿柳居以年产值超亿元的强劲发展势头令人瞩目。这个荣获商务部首批"中华老字号"的餐饮企业，更被列入江苏省非物质文化遗产名录。伴随着企业的蓬勃发展，如今，在绿柳居菜馆基础上成立的绿柳居清真食品有限公司，已经发展成为江苏乃至华东地区数一数二的清真食品产业基地，拥有现代化卤菜、面点、真空包装食品生产线，十余家直营店和百余家商超连锁遍布南京，并且该基地每年还承担着全市牛肉储备任务（图4-1）。

图4-1 以经营净素、清真菜肴而著称的南京老字号"绿柳居"菜馆

古南都集团为实现老字号的市场价值，采取了一系列的改革措施。首先是观念的改变。经过十多年的市场化锤炼，集团的员工团队年轻化、专业化，这为老字号企业改变经营思路、与时俱进提供了保证。其次是形象的升级。集团下属每家老字号企业，都进行了硬件改造：保留老字号独有元素，同时将具现代理念和时尚气息的元素巧妙融入，在巩固老顾客的同时，又能吸引更多年轻群体的关注。第三，产品的创新。产品是企业的核心竞争力。对于老字号企业来说，不仅要保持其独特传统和核心技艺，更重要的是创新。例如，"马祥兴"的美人肝、凤尾虾、蛋烧卖和松鼠鱼这四大名菜，始终在传承中创新，在创新中成熟。第四，新管理体制的保障。改变很多人对老字号陈旧落伍的印象，不仅让消费者满意，还会通过绩效考核、利益分享的方式让员工满意。以上措施为企业的健康发展夯实了基础，老字号的市场价值也得以很好地体现。

二、社会价值

老字号不但能够满足人们物质和精神的需要，也为社会的发展做出巨大的贡献，并承担着一定的社会责任。

1. 传统经营理念推动社会进步

老字号大多都有百年以上的历史，在社会急剧的变迁中屹立不倒，很重要的一个因素是其经营理念。受优秀传统文化影响，老字号品牌讲究精益求精、诚信为本、永续经营、有序竞争等。

同仁堂药店数百年来秉承"炮制虽繁必不敢省人工，品味虽贵必不敢减物力"的古训，把医药作为"养生、济世"之方，讲"人心、人术"之道。这条古训之经成为历代同仁堂人遵循的行为准则。张一元的茶道——"人品如茶品、做茶先做人"（图4-2），瑞蚨祥的百年宗旨——"至诚至上、货真价实、言无二价、童叟无欺"等，都反映出老字号的经营之本和做人之道。

人是社会的主体，老字号品牌注重诚信、济世、和谐，无疑会影响到社会风尚，这有助于提高人的素养。同时，老字号这一

图4-2 以"金般品质、百年承诺"为经营理念的北京"张一元"茶庄

理念也成为现代企业管理借鉴的最好范本，构成了推动社会健康发展的重要力量，体现了老字号品牌的社会价值。

2. 满足消费需求，提高生活质量

老字号在长期的生产经营实践中，通过凝聚数代经营者智慧、吸收民族传统文化精髓、与地方风土人情交融，创造、传承了蕴含优秀传统文化和地方民俗风情的传统技艺、经营理念，产品用料的考究、操作的精细化和工艺的独特性，使得生产出来的产品不仅满足了社会大众的需要，而且形成了老字号重要的社会价值。

3. 建筑遗存展现民族和地域特色，是城市历史发展的重要元素

老字号品牌的发展和经营活动所保留下来的古色古香的建筑，不仅是传统历史文化的载体，更是展现民族特色和地域特色的重要载体，是城市历史发展中的重要元素。世界文化名城，如伦敦、东京、巴黎等都保留了大量具有民族特色的古老建筑、传统工艺和品牌，充分显示了城市魅力和吸引力。随着国力的增强，我国的城市在迈向世界城市的历程中，因老字号的经营活动而遗留下来的遗址遗迹，更凸显了老字号品牌的社会价值。

图4-3 山东济南老字号"瑞蚨祥"店内围廊

老字号"瑞蚨祥"的发源地在山东济南，这座建于20世纪初的中西式建筑，是现存最早的瑞蚨祥店铺，它曾见证了瑞蚨祥的鼎盛时期，也迎送了一代又一代顾客。图4-3为瑞蚨祥二楼扶梯处的围廊。通向二楼的环廊扶梯，精雕细琢的镂空木刻纹饰、彩绘的藻井天花等都显现出雅致的古色古香（图4-4）。二楼的平顶罩棚为钢梁、钢檩条，这也使瑞蚨祥成为济南第一座采用钢结构的建筑。

4. 承载大量的历史故事，社会效应丰厚

历史的积淀造就了老字号的传奇色彩，使其拥有无可比拟的丰富故事素材。例如，清乾隆帝曾光顾"都一处"，并亲自为之提名；"六必居"酱菜曾获得过进宫腰牌；"天福号"有

图4-4 山东济南老字号"瑞蚨祥"店内楼梯

"乾隆酱汁传百年，慈禧腰牌通天下"一说；这些脍炙人口的故事，如今依然为人们所津津乐道。

当前，一些影视作品以其独特的叙事方式，唤起人们对老字号品牌的记忆和怀旧情绪，重塑老字号形象，进一步提升了老字号品牌社会影响力。

1990年，上海制片厂摄制电影《老店》，故事取材于全聚德烤鸭创始人杨全仁的创业史，这是电影文化和全聚德品牌文化首次碰撞的火花。

1998年，电视剧《东方商人》描写了"瑞蚨祥"创办、发展和几度兴衰的历程。

2004年，电视剧《天下第一楼》推出，故事以全聚德为原型改编而成，播出后社会反响强烈。电视剧的热播提升了社会大众对全聚德品牌的认知度，对于全聚德的市场拓展奠定了基础。

20世纪80年代末，同仁堂与北京人艺合作拍摄了六集电视连续剧《同仁堂的传说》在全国播出。1996年同仁堂与北京京剧院共同创作的京剧《风雨同仁堂》先后演出一百多场，受到普遍赞誉，获"五个一工程奖"。尤其值得一提的是，2001年，描绘中医药世家的百年传奇大剧——《大宅门》获得当年央视收视率冠军，成为央视当年最受欢迎的电视剧作品，获得极大的社会反响。电视剧从充满传奇色彩的故事背后传达给观众一个家族的兴衰，一个民族的血性和光荣，因而有了社会、历史人文的深度，该故事的原型就是老字号"同仁堂"。

5. 热心慈善事业，具有社会责任感

"感人心者，莫先乎情"。要想赢得消费者的心，提供融入感情色彩的各类文化服务，无疑是一剂良药。老字号"以人为本"的经营宗旨，热心慈善事业，既进一步推广企业品牌，又体现了济世、助人、反馈大众的社会使命感。

在明清京城会试期间，同仁堂向应考举子赠送四季应时药品；每年冬天，同仁堂都要开办粥厂，施舍棉衣，接济那些饥寒交迫的贫民；每年夏天，同仁堂则向穷人发放治疗、预防中暑的药品等。同仁堂办慈善事业的资金，是从药店经营的利润中提取的，据说能占到利润的三分之一，可见同仁堂对公益事业投入之大。

三、文化价值

老字号历史悠久，长时间的经营管理下积淀了深厚的文化，这是任何普通企业都无法与之相比的，也是老字号品牌自身一笔宝贵的无形资产。消费者可以从消费老字号品牌产品的过程中了解品牌历史故事，产生对品牌文化的认同感，从而提升品牌价值。

1. 凸显地域文化价值

老字号是不同城市文化的重要组成部分，凝结了独特的地域文化，成为区域民俗文化中节庆文化和季候文化的组成部分和内容。

对老北京人来说，春节年货中必不可少的一道美味是天福号的酱肉。老北京有习俗是在除夕夜吃天福号酱肘子，预示着送福到家，图个吉利。天福号创始于1738年（清乾隆三年），距今已有280年的历史，其酱肉制品肉烂味香、肥而不腻、瘦而不柴、色泽亮丽、浓香醇厚，成为京城百姓春节除夕、正月初七人日、立春日、正月廿五填仓节、二月二龙头节等节令必买的传统美食。"张一元"的茶叶、"稻香村"的糕点等在传统节日期间也往往供不应求（图4-5）。

老字号已成为一个城市的重要

图4-5　排队购买北京"稻香村"糕点的队伍

标志，是区域习俗的重要载体，体现了区域文化的独有性和唯一性，凸显了独特的地域文化价值。

2. 承载传统文化价值

老字号具有丰富的优秀文化内涵，如建筑文化、饮食文化、商业文化、民俗文化等，这些都成为中华民族传统文化的重要组成部分，既有十分鲜明的中华文化符号，又有难以割舍的中华文化情感。

老字号凭借其深远的品牌影响、优异的产品质量以及丰富的历史文化内涵，成为世界政要和国际友人交往中参观考察的推荐。中华老字号产品更是中国领导人会见外宾、互赠礼品的必然选择。周恩来总理生前曾27次到全聚德烤鸭店宴请外宾。2008年北京奥运会期间，奥运村一天卖烤鸭700只。名噪京城的"馄饨侯"能把馄饨皮做到薄如纸，把皮放在报纸上，能看到上面的字，而其味道更是一绝。总之，老字号作为中国传统文化的载体和使者，有着十分明显的传播优势。

3. 记录社会文化时尚

中华老字号主要集中在手工业、商业、饮食服务业和中医药业等领域，与广大人民群众的日常生活息息相关，这使得老字号成了传统生活方式的一种载体。

老北京人的日常生活，同很多老字号商品联系在一起。"头顶马聚源、脚踩内联升、身穿八大祥、腰缠四大恒"，描述了那个时代的时尚标准，成为京味文化的一个重要组成部分。现在时代不同了，人们的生活方式发生了很大变化，从老字号品牌中我们能深刻体会到这种变化，成为我们研究社会文化时尚变迁的一个重要窗口。

4. 传统技艺既是文化传承的载体，也是城市的商业名片

老字号品牌的技艺是几代从事本行业的劳动者在长期实践的基础上不断摸索而形成的，是几代人实践经验的总结，是人类智慧的结晶，既保持了产品的独特性和经久不衰，也成为扩大生意、招徕顾客的一大法宝，是一笔宝贵的历史财富。如北京的"荣宝斋"以其"木版水印"这一绝技使中华民族古老的手工印刷技术得以继承和发扬。

这些技艺传承很难用科技手段来复制，独特的工艺、传世的"绝活"是老字号文化的核心内容之一，它独有的地域特征和集各行各业的特性，使老字号品牌成为一张多彩而极具个性的城市名片。

图4-6 杭州老字号"王星记"

杭州王星记扇厂的前身，就是当年的王星记扇庄（图4-6），它的创始人是王星斋，开创于1875年（清光绪元年）。王家祖辈从事制扇业，王星斋自幼学艺，20多岁时已成为制扇名匠。他制作的黑纸扇，多次作为杭州特产进贡宫廷，又称"贡扇"。后又在意大利、巴拿马和中国西湖万国博览会上屡次得奖，美名远扬，其中以"三星牌"黑纸扇最为有名。它的扇面采用临安于潜桑皮纸，诸暨柿漆，福建建煤，经过大小86道工序精制而成。然后要闯过"三关"：烈日下晒，冷水中泡，沸水中煮，各经10多个小时，取出晾干，不折不裂，平整如初，仍是一把好扇方可入市。这种扇子，既可拂暑取凉，又可遮阳避雨，因而有"半把雨伞"的美称。

扇子蕴藏着丰富的文化内涵。古往今来，扇子与人们日常生活结下不解之缘，一把小小的扇子，不但已成为融实用价值与美学价值于一体的精美工艺品，还拥有很多故事、传说和趣闻轶事。唐朝时，扇子就作为赠送邻国的礼品，相互遣大使进行扇文化交流，直至今天，中央和省市领导到国外访问仍把扇子作为馈赠礼品。扇子已逐渐发展为艺术欣赏品，现在的扇子艺术价值大大提升，成为收藏爱好者的宠物。杭州扇子与杭州丝绸、龙井名茶齐名，号称"杭州三绝"。

第三节　老字号的品牌创新

　　品牌创新，就是在一定的成本范围内，在不断改进产品、服务的基础之上，用新的品牌价值去满足顾客对原有产品或服务的更高价值目标的追求。品牌创新可以是更改品牌价值属性，也可以是赋予品牌全新的价值属性，还可以是企业通过品牌新的经营策略，实现对品牌的管理和维护，达到品牌创新和价值增值的目的。

　　对老字号来说，老字号蕴含着历史文化的精髓，也拥有着世代传承的产品、技艺或服务，具有鲜明的传统文化背景和深厚的文化底蕴，最终形成良好信誉，取得社会广泛认同。但在高度市场化的今天，一些年代久远的老字号品牌往往固步自封，能够做到与时俱进以适应市场竞争的并不多。而现存发展活跃的老字号品牌，无一不是能够适应当前市场需求和主流生活方式，在创新中求得发展。

一、体制创新

　　由于历史原因，现存老字号多数属于国有企业，这在一定程度上遏制了企业活力的焕发，主要表现在，一是人员老化，老字号太多的离退休人员加重了企业的负担；二是思想老化，老字号员工文化水平相对较低，无法跟上日新月异的市场形势，影响了企业的发展；三是效率老化，员工大多习惯于一成不变的工作方式，缺乏创造力。要适应市场经济的竞争，老字号必须进行机制和体制创新。

　　第一，建立以市场配置资源为主的管理体制，充分发挥市场配置资源的作用。

　　第二，建立合理的所有制结构，推选投资主体多元化。如建立资本私有结构的股份制企业，让适合民营化的老字号重走民营之路；或者政府有关部门可对破产或被收购、兼并的老字号企业进行公开拍卖、转让或有偿使用，并鼓励外资、民间资本通过拍卖竞价方式，购买、参股、控股老字号企业等。甚至对表现优异的员工发放公司股权，既让他们有共同管理公司的权利，又能充分调动员工的积极性，增强企业内部的凝聚力和感染力，提高企业的竞争力。

第三，完善企业的产权制度，经营过程中产权应该清晰，产权结构应该多元化。清晰的产权是建立现代企业制度的内在要求，也是老字号企业能够持续、健康发展的有力保障。优化老字号企业的产权结构，不仅可以对老字号进行积极的股份制改造，推进企业产权多元化，也可以根据实际情况恢复原来的私有产权，采取民营企业式的经营管理模式。如老字号企业原家族传人或主要经营者（掌握传统技艺或特殊工艺的）持有大股，或实行期权期股，形成相应的激励约束机制，以充分调动企业经营者的积极性和主动性；或者为有条件的老字号企业的上市提供便利，借助资本市场为老字号的发展增添新的活力。

北京全聚德集团自1993年组建以来，开展了体制、机制、管理等多方面的创新，确立了充分发挥全聚德品牌优势，走规模化、现代化和连锁化经营道路的战略。全聚德以集团的组建为契机，从改革企业产权关系入手，逐步建立起产权明确、两权分离、分层管理的资本运营管理体制。组建中国全聚德（集团）股份有限公司后积极寻求企业上市，并切实发挥股东大会、董事会、监事会的作用，提高决策的科学性，不断进行劳动、人事、分配制度改革，实行全员劳动合同制，管理人员实行竞聘上岗，有效地调动了全体员工的积极性。

二、文化整合

老字号拥有大量的中华传统文化资源，这是老字号区别于一般品牌最大的特点之一，也是老字号品牌创新发展的最大优势。品牌文化是老字号历久弥新的核心竞争力，加强老字号品牌文化整合建设是老字号发展的核心要义。

首先，建立并完善老字号品牌文化体系。通过建立专家咨询体系，引进专家咨询和服务，帮助老字号企业建立品牌文化体系及品牌形象标志体系，提升老字号品牌文化价值。

其次，丰富品牌历史文化内容。老字号的品牌故事是真实的、厚重的，消费者在消费老字号品牌产品或服务的时候往往更加注重其品牌历史文化中包含的故事性。文化作为一种形而上的存在必须通过载体传播，老字号可以借助各种手段传播品牌故事，如通过举办展览让更多的人了解企业的发展历程；投入影视创作发扬老字号的现代精神；或是通过著书立说、绘画等方式来传达老字号品牌蕴含的丰富历史文化等。

北京老字号"盛锡福"博物馆于2008年6月开始筹建，2010年6月建成开馆，是公

益性帽文化博物馆（图4-7）。通过深入发掘
中华冠帽历史文化和百年制帽技艺、盛锡福
历史文化，将物质文化遗产和非物质文化遗
产融于一体。博物馆的建立以"追溯中华冠
帽历史文明，继承传统冠帽制作技艺，发展
冠帽文化"为宗旨，保护文化遗产，传承盛
锡福皮帽制作技艺，在传统与现代之间走出
一条新路，再现中国传统帽文化的辉煌。

　　第三，将历史文化融入产品或服务中。
消费者对于品牌的历史文化往往不会有过于
深入的了解，因此，企业可以通过将自己
品牌的历史文化以及特色融入产品或服务
中，让企业历史文化在无意间更加渗入消费

图4-7　展示品牌文化的盛锡福博物馆

者的心里。如餐饮企业可以在碗盘等餐具或是餐桌上印上具有企业历史文化描述的图案
文字；医药企业可以将门店装修得更加具有历史年代感；服务行业可以在服务上偏向复
古；食品加工行业可以在产品包装上讲述企业故事。

　　总之，通过老字号品牌文化整合建设，提升老字号品牌文化价值，使老字号既保留
传统商业特征，又提升为具有广泛知名度、美誉度的现代商业品牌。

三、产品创新

　　由于消费者需求的多样化，产品单一将不能满足消费者的需求，所以，老字号企业
有必要进行产品创新。产品多元化就是为了满足现实或是潜在的市场需求，以技术应用
为支撑，开发出差异性的产品或是全新的产品。

　　如北京稻香村食品，在产品种类上奉行多元化，既有传统的产品，又有针对糖尿病
人的无糖糕点，在春节这样的重要节日中，还会推出"老北京经典八大样"等各种附加
值高的点心礼盒，使顾客在品尝点心的同时也回味着历史，深受顾客的喜爱。

　　重视对产品的创新，还要从产品的成分、款式、包装、功能和安全可靠性多方面进
行改进。如老杭州人喜欢的颐香斋、九芝斋、采芝斋的糕点都面临着同一个问题：重油
重糖。而现代人对"三高"（高血压、高血糖、高血脂）很恐惧，除了给老人买糕点，年
轻人都不太会常常光顾。因此，与现代消费需求脱节，会使老字号市场空间越来越窄。

紧跟时代的步伐，使自身的商品经典而不陈旧，现代而又不失原有特色也是一条创新之路。2008年北京奥运会期间，北京全聚德烤鸭店亚运村店倾力打造传统餐饮文化又结合现代需要，推出美食配美酒的中西合璧皇家宫廷特色和奥运主题创新菜，一经推出就大受欢迎。

四、营销创新

消费者的需求是不断变化的，老字号在遵循保持传统特色和优良品质的同时，一定要摒弃墨守成规的做法，全面对消费者进行研究，针对产品的档次定位，进行准确的市场细分，注重产品创新和深度开发，并结合适当的价格策略、渠道策略和推广策略的营销创新来适应市场需求。

（一）抓住消费者的文化怀旧情感

消费者的文化怀旧情感，往往是对过去美好经历的一种怀念，同时也是老字号品牌有别于其他品牌的特点。企业可以从产品的包装设计、店铺的装修等方面引起消费者的怀旧情感。通过激发消费者的怀旧情感，进一步促进企业产品的销售。可以针对不同的目标群体，推出不同系列的产品。如针对追求时尚的年轻消费群体，可以在产品的包装上印上最新的网络流行语或是吉祥物，引发他们对品牌产品的好奇心。

（二）充分利用互联网营销

如今，互联网遍布全球，利用网络进行营销是大势所趋。老字号以进入电子商务领域为契机，在传统经营模式的基础上，为老字号企业运行注入新鲜血液，也给传统老字号的商业模式带来了新机遇。根据统计部门调研，2015年，北京47家以上老字号零售企业中，11家通过电子商务交易平台销售商品或提供服务，比重接近1/4。行业涉及食品、服装、药品和图书等，共实现电子商务销售额2.6亿元，营业收入增速为9.5%，增速高于完全未利用电子商务的传统老字号企业6.9个百分点。

老字号企业顺应时代潮流，借助电商平台向消费者展示老字号的独特魅力。当前已有上百家"老字号"触网转型，在淘宝、京东等平台开设品牌店。2016年4月，全聚德在北京发布"互联网＋"战略，表示要利用好全聚德的百年老字号品牌、完整的供应链体系、百年工匠烤鸭技艺以及丰富的线下门店等独特的资源，并且也在试水外卖业务。2016年的月饼销售旺季，稻香村通过互联网销售的月饼达2亿多元。"双11"电商节，全聚德、稻香村、同仁堂、内联升等中华老字号忙得不亦乐乎。

始建于1936年的北京饮料和冷食界的老字号"北冰洋"近年来也主动实施了"互联网＋"战略。北冰洋食品公司与电商合作有三种模式：一是B2C业务，即通过如京东购物、天猫超市、1号商城等电商平台面向消费者销售；二是B2B业务，即通过如惠民网、京东新通路等平台将产品送给各地的零售商；三是O2O业务，与'京东到家'合作，人们通过"京东到家"的App动一动手指，就能让玻璃瓶装的北冰洋汽水等商品送上门来。

老字号利用京东、阿里巴巴等互联网平台或者自己的购物平台，突破了原来的销售地域性限制，甚至可以将产品卖向全世界，这为老字号的品牌创新和发展，赋予了新的时代气息，是"老字号"金字招牌的一种良好的创新模式。

由此，老字号企业不仅需要拓展实体店等传统业务渠道产销思维，还要积极了解互联网模式下的销售渠道和销售方式，并且掌握和应用微博、微信等新的网络营销途径和工具，通过互联网提升对市场的反应速度和竞争力，并将传统业务融合到互联网中。

更重要的是，老字号运用互联网思维，不仅仅是把产品放到网络上销售，而应在"互联网＋"、大数据、云计算等科技不断发展的背景下，对市场、用户、产品、企业价值链乃至对整个商业生态进行重新审视，充分运用互联网思维，找到适合自己发展的电商平台和合作模式，赢得未来的发展。

2018年3月，中国商业联合会中华老字号工作委员会发布的《中华老字号电商发展报告》显示，电商已经成为众多"中华老字号"尤其是食品类品牌增长最快的销售渠道，越来越多的老字号开始感受到"触网"的重要。数据显示，目前最积极"触网"的老字号企业主要来自北京、广东、上海、江苏等电商发达城市，相应地北京老字号品牌的销售额占比也最高。按销售额来看，2017年位居电商渠道销售前十位的品牌分别是稻香村、光明、五芳斋、海天、王老吉、冠生园、中茶、全聚德、杏花楼、皇上皇。报告显示，京东超市是目前国内老字号企业入驻最多的电商平台，从2015年开始至今，食品行业内已经有超过六成的老字号入驻京东。2017年这些老字号的销售量和销售额增幅都在100%以上，尤其是电商激发起了大量年轻用户对老字号的关注。2018年，京东专门组建"中华老字号无界零售联盟"，为老字号开拓新的销售渠道。

（三）全方位推广与宣传

如今，商品早已过了"酒香不怕巷子深"的时代，宣传对于企业的发展是至关重要的。在宣传方式上，老字号除了采用传统的商业广告形式，也需要利用新媒体增加与消费者的互动，同时在宣传中也需要得到政府的扶持。

1. 将老字号纳入重大主题宣传范畴，加大宣传报道力度

政府部门可以将老字号纳入主题宣传范畴，进一步加大宣传报道力度，深入宣传老字号践行"诚信为本、公道守规"经营理念，"质量优先、精益求精"的工匠精神，深入宣传老字号优化产品结构，推动产业升级，积极"走出去"，扩大老字号影响力。

2. 进一步扶持老字号专题片、纪录片创作

通过广播影视工作创作一批反映老字号的纪录片，讲好老字号的故事。如纪录片《中华老字号》记录了"中华老字号"真实感人的成长和传奇故事，见证了民族实业的艰难足迹，以及传统文化和技艺在传承路上的风风雨雨。另外，近些年根据老字号而改编的电视剧、话剧等也收到了良好的宣传效果。

政府部门可以加大投入，进一步扶持老字号专题片、纪录片创作，挖掘老字号不平凡的创业传奇，呈现老字号巧夺天工的技艺，反映老字号创业者不断创新进取的感人故事，传播老字号蕴含的文化内涵。

3. 加强统筹规划，积极运用传统媒体和新兴媒体为老字号发展营造良好舆论氛围

当前，老字号的宣传推广主要是各单位制作播出比较分散，没有形成合力。政府相关部门需要加强老字号宣传统筹规划，文化、新闻出版等各级宣传单位应积极组织力量，对老字号进行全媒体传播，让老字号精神在新的历史条件下焕发生机与活力。

另外，"老字号"因其丰厚的文化内涵为城市带来了整体的积极效应，并成了一种具有独特魅力的旅游文化资源，同样"老字号"可以在城市的旅游文化中寻找自身的宣传发展时机。如北京老字号"张一元"利用黄金周的旅游旺季，举办以"佳节选茶礼·就到张一元"为主题的中秋国庆民俗风情节，活动期间，张一元各店推出回馈消费者的促销活动。

从旅游文化的角度看，无论是针对寻觅异国他乡民俗风情的游客还是针对寻求文化认同，如港澳台同胞和海外侨胞，为回归故土的"恋旧"而"寻根"的游客，"老字号"都有独特价值的产品，老字号作为一种积淀深厚的文化体现出独特的优势。

因此，老字号应该主动寻求政府的扶持，加大对"老字号"的宣传力度，让"老字号"深厚的历史文化底蕴得以家喻户晓。

中华老字号
China Time-honored Brand

第五章

瑞蚨祥

第一节　瑞蚨祥的历史与发展

一、发展与现状

晚清以来，以瑞蚨祥、谦祥益等为代表的北京"八大祥"，无疑是我国绸缎、布匹、皮货行业的领头羊。八大祥分别是瑞蚨祥、瑞生祥、瑞增祥、瑞林祥、益和祥、广盛祥、祥义号、谦祥益。这些"祥字号"大多源于同一个"娘家"——山东济南章丘县旧军镇孟氏家族。孟氏家族早年靠经营一种俗称"寨子布"的土布发家，到清嘉庆年间，孟家已是享誉"直隶一集（辛集）、山东一村（周村）"的财东。

在孟氏家族"祥字号"中，最初的两家，一是瑞林祥，二是谦祥益，经营丝绸锦缎和粗细洋土布，生意兴隆。但就知名度及发展规模而言，瑞蚨祥当仁不让。

图5-1　位于济南市经二路215号的济南瑞蚨祥绸布店

1862年（清同治元年），"瑞蚨祥"在济南开张，创始人孟传珊（字鸿升）为"亚圣"孟子第67代后人（图5-1）。之后瑞蚨祥在烟台、青岛、天津等地都设有分号，经营规模逐渐扩大，生意兴隆。1893年（清光绪十九年），创始人孟传珊之子孟洛川派族侄孟觐侯在北京大商圈前门外租房设庄，批发土布。后来，孟觐侯建议孟洛川在北京开设布店，以抢占新的商机。于是，孟洛川出资8万两白银，在大栅栏买地建房，开办了北京瑞蚨祥绸布店，并请翰林李林庠书写了牌匾，正式开办北京瑞蚨祥绸布店。

瑞蚨祥开始以经营土布为主，后增加了绫罗绸缎、皮货等高档商品，经营品种也日益增多。京城的繁华使瑞蚨祥快速发展，到清末民国初年，瑞蚨祥已成为北京最大的绸布店，拥有五个字号，即东鸿记茶庄，瑞蚨祥总店（也称东号），鸿记皮货店，西鸿记茶庄，西鸿记绸布店（也称西号），均位于大栅栏街内。

据记载，瑞蚨祥当年的店内布局分为前柜、二柜和楼上三大部分，前柜卖青、蓝、白布，二柜卖中高档布匹。楼上卖丝绸、皮货等高档商品。如果有顾客光临瑞蚨祥，先由四个年纪较大的员工拉开大门，含笑迎接，然后由售货员上来请坐、看茶，根据顾客需要，送上商品，请顾客选择。瑞蚨祥既满足了京城达官显贵、梨园艺人、大家闺秀等富裕阶层顾客的需求，同时，瑞蚨祥也以货真价实、服务周到赢得了小家碧玉、贩夫走卒等普通顾客的青睐。北京城流传多年的歌谣"头顶马聚源、身穿瑞蚨祥、脚踩内联升"就是对瑞蚨祥名满京城的生动写照。

1900年，瑞蚨祥毁于"义和团"的洗劫，瑞蚨祥以非凡的气魄和商业信誉贴出告示：本店账本被火烧了，如果诸位有欠瑞蚨祥钱物，一概不用还了，凡瑞蚨祥所欠的钱物，一律按时偿还。此举使瑞蚨祥获得广大民众的赞誉。不久重建开业。恢复以后的瑞蚨祥仍然以货品纯正、花色新颖著称（图5-2）。

图5-2　位于前门大栅栏街5号的老字号"瑞蚨祥"旧照

1954年，瑞蚨祥率先实行了公私合营，五个字号合并为一，改成以经营绸缎、呢绒、皮货为主的布店。

在"破四旧"运动和"文革"期间，瑞蚨祥的牌匾被取下，公司先后改名为"红卫兵布店""红旗布店""荣昌布店"等。直到"文革"结束，"瑞蚨祥"才得以复名，牌匾也在故宫博物院找到。

20世纪80年代，瑞蚨祥开始逐步恢复经营。2001年，瑞蚨祥改制为"北京瑞蚨祥绸布店有限责任公司"，成为全体员工持股、自负盈亏的企业。改制以后，瑞蚨祥调整了原有的产品结构，从过去的服装、面料三七开的经营方向，改变为七三开，即以服装为主，面料为辅。对于自己的品牌服装，瑞蚨祥以神话中形似蝉的一对母子"蚨"为图案，并注册为商标。如今，瑞蚨祥以其悠久的历史、优良的产品、周到的服务仍为海内外顾客所称道。

目前，坐落在北京大栅栏5号的瑞蚨祥总店仍然保留了原有的建筑风貌（图5-3）。

除了经营布匹、成衣外，还提供旗袍定制和现场制作蚕丝被，其中，高级定制是瑞蚨祥的特色项目。另外，瑞蚨祥的实体店还有位于北京市海淀区金源新燕莎MALL的精品体验店，位于老城区的瑞蚨祥地安门店以及位于王府井大街上的瑞蚨祥店（图5-4）。同时，在互联网的背景下，瑞蚨祥在京东和天猫的旗舰店也纷纷设立。

图5-3 北京大栅栏的瑞蚨祥总店正门

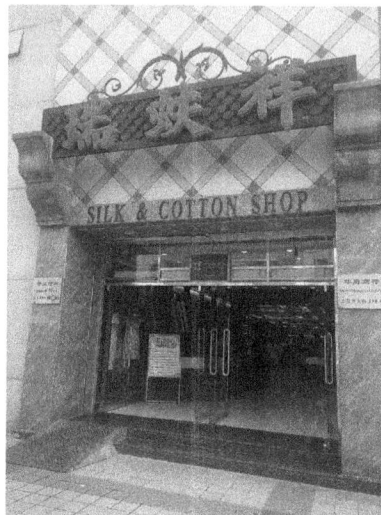

图5-4 北京王府井大街上的瑞蚨祥店

瑞蚨祥经历的品牌发展大事件如表5-1所示。

表5-1 瑞蚨祥发展大事记

时　间	事　件
1862年	瑞蚨祥绸缎店创立于济南，以经营土布起家
1893年	在北京大栅栏开办瑞蚨祥布店
1900年	庚子事变，瑞蚨祥遭到焚毁
1901年	重建于北京大栅栏
1904年	济南开埠后，创立瑞蚨祥鸿记布店
1934年	瑞蚨祥在全国拥有20多家企业
1949年	提供第一面五星红旗的面料
1954年	公私合营，五个字号合并为一，改成以经营绸缎、呢绒、皮货为主
1993年	被授予第一批"中华老字号"，申请"瑞蚨祥"商标注册
1995年	列为北京市市级文物保护单位

续表

时　间	事　件
1997年	北京电视台春节相声晚会的外景地选择位于大栅栏的"瑞蚨祥"为背景制作播出。主持人身着瑞蚨祥制作的传统中式服装，走进瑞蚨祥的大门，烘托了民族佳节、民族风俗、民族服装的喜庆
2001年	股份制改革，瑞蚨祥成立了"北京瑞蚨祥绸布店有限责任公司"
2006年	成为国家级文物保护单位
2007年	中式服装手工制作技艺被列入"北京市非物质文化遗产"名录
2008年	荣获"中国丝绸第一品牌"称号
2012年	被评为"中国消费者值得信赖的著名品牌"，成立品牌管理团队

二、品牌渊源

据说，瑞蚨祥店名中的"蚨"是古代传说中一种形似蝉的昆虫。晋代《搜神记》卷十三记载，青蚨"生子必依草叶……取其子，母必飞回，不以远近……以母血涂钱八十一文，以子血涂钱八十一文，每市物或先用母钱或先用子钱，皆复飞归，轮转无已"。也就是说，钱花出去，还能再飞回来，用之不竭。"青蚨"后来成了钱币的别名和财源广进的象征。目前，瑞蚨祥就是以一对母子蚨图案申报注册为品牌的商标（图5-5）。

图5-5　瑞蚨祥的品牌标识

店名瑞蚨祥中的"瑞"字，是瑞气的象征；"祥"字，一方面是吉祥之意，另外店东乃山东省旧军孟家，所开商店均是祥字号。总之，是瑞气吉祥、财源茂盛的意思。

百年以来，瑞蚨祥始终坚持"至诚至上、货真价实、言不二价、童叟无欺"的经营宗旨，成为其品牌文化的重要组成部分。

三、品牌故事

（一）升起第一面五星红旗

1949年10月1日，当一面鲜艳的五星红旗在雄壮的国歌声中冉冉升起，一个人民当家做主的新中国宣告成立。而很少有人知道，这面见证国家诞生的国旗就是由瑞蚨祥供料制作。

据记载，1949年9月，旅美侨胞、致公党创始人司徒美堂应邀从美国赶回中国，参加中国人民政治协商会议，周恩来特地派人到瑞蚨祥定做了一件獭皮领狍皮大衣送给他。9月27日，国庆前4天，人民政协第一届全体会议通过了将五星红旗确定为中华人民共和国国旗的决议。

根据国旗杆的高度，国旗的尺寸定为长5米、宽3.3米。国旗制作负责人宋树信先找到了做旗杆套用的白布，但跑了北平很多布店，都没找到颜色和尺寸都适合做旗面用的红布料以及做五星用的黄缎子。9月30日宋树信来到瑞蚨祥，说明来意后，瑞蚨祥的职工翻箱倒柜，终于找到了几块红绸和一卷3米多长的黄缎子。宋树信大喜过望，但立马发现几块红绸都不够长。瑞蚨祥于是专门请来工艺精湛的技术人员，帮助他们连夜把红绸布料连接起来，缝制出新中国第一面五星红旗。10月1日，中华人民共和国开国大典时，毛泽东主席亲手升起了这面鲜艳的五星红旗。

目前，这面珍贵的红旗被国家博物馆珍藏。

1956年12月7日，毛泽东在同民建和工商联负责人的谈话中说："历史的名字要保存……瑞蚨祥、同仁堂一万年要保存。"至今，这一题词仍被保留（图5-6）。

图5-6 瑞蚨祥总店保有毛泽东为瑞蚨祥的题词

（二）与沃尔玛的故事

世界零售业巨头沃尔玛创始人山姆·沃尔顿曾表示："我创立沃尔玛的最初灵感，来自中国一家古老的商号，其名称源于传说中一种可以带来金钱的昆虫，我想这大约是世界上最早的连锁经营企业。"他所说的"古老商号"，正是有"中国丝绸第一品牌"之誉的"瑞蚨祥"。

在国际商家纷纷抢滩中国零售业市场之际，这个故事也许是沃尔玛讨好中国消费者的一种宣传。不过老沃尔顿提到的这家中国商号倒也并非杜撰，"一种可以带来金钱的昆虫"应该是中国古书上记载的所谓"青蚨"，而以青蚨命名的商号正是位居京城"八大祥"之首的名店——瑞蚨祥。

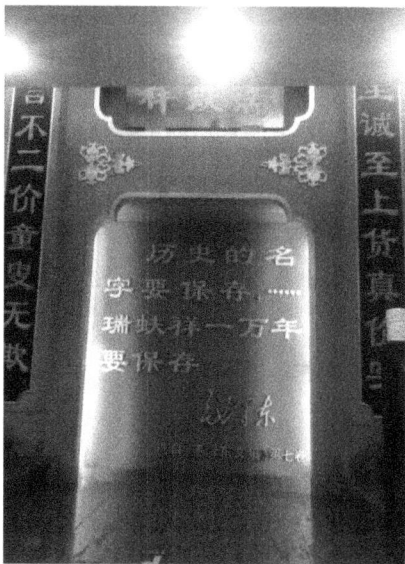

如果将瑞蚨祥和沃尔玛对照会发现，两者的商业理念确有相似之处。

两家企业最初都是以薄利多销而起家。据记载，旧时瑞蚨祥主要经营一种土布叫"大捻布"，价格低廉，经久耐穿，很受百姓欢迎。后又在章丘开了个专织大捻布的织布厂，自产自销，因此，靠这种土布扩大了积累。薄利多销的大捻布使孟家生意兴旺。同样，沃尔玛也是靠农村市场起家的，其在美国中部经济并不发达的阿肯色州开的第一家超市，经销的就是"5~10美分"廉价商品。此后确立的沃尔玛经营理念则是"让消费者得到低价格商品"，也就是让顾客能买到比其他商家价格低的商品。

另外，两家企业同样采取连锁经营的方式。20世纪30年代，瑞蚨祥已发展成为集布匹、绸缎、绣品、皮货、织染、茶叶、首饰乃至钱庄、当铺等众多经营项目的商业王国，在北京、上海、福建等9省，广州、济南、哈尔滨等15个城市连锁经营包括50家绸布庄、20家茶叶店、10家钱庄银号当铺等在内的103家店铺。而沃尔玛也是采取连锁的方式来经营，从小镇不断扩大，从美国推向世界，如今成为一个世界级的企业。

第二节　瑞蚨祥——品牌时尚与创新

一、老字号也时尚

（一）时尚的概念

日常生活中，人们追逐时尚、崇尚时髦已是司空见惯的现象。

什么是时尚？社会学、心理学或者人类学、艺术史学会有不同的答案，从不同的角度进行解释。理论上，对时尚的探索和研究处于多学科交叉地带，时尚理论还在不断丰富的过程中。普通人对时尚的理解也各不相同，有人认为时尚即是简单，有人认为时尚是奢华，还有人认为时尚是与众不同等。可见，对时尚的理解有一定的主观性。从字面上看，所谓时尚，是时与尚的结合体。所谓时，乃时间，时下，即在一个时间段内；尚，则有崇尚，高尚，高品位，领先。

德国社会学家、哲学家格奥尔格·齐美尔（Georg Simmel）全面地提出了时尚理论，他从对社会发展形式的意义来对"时尚"进行探讨，得出"时尚的历史就是企图将两种对立倾向（适应社会群体和实现个性提升）越来越完美地调节为流行的个人与社会文化的历史"的结论。齐美尔认为"时尚的本质存在于这样的事实中：时尚总是只被特定人群中的一部分人所运用，他们中的大多数只是在接受它的路上。一旦一种时尚被广泛地接受，他们就不再把它叫作时尚了；时尚的发展壮大导致的是它自己的灭亡，因为它的发展壮大即它的广泛流行抵消了它的独特性。"另外，社会学家凡勃伦、斯宾塞、波德里亚等也对时尚问题进行了深入地分析和探讨。

近些年来，我国经济的发展、社会的变迁、大众需求的变化也推动着我国学者关于时尚的研究。周晓虹（1995）对社会时尚理论进行探讨；胡荣等（2008）分析了时尚消费的符号意义与社会阶层建构；田超杰（2011）提出了时尚价值的概念，认为消费者追求时尚是因为时尚能够带来价值。李博雅（2015）分析了年轻一代在时尚消费中扮演重要角色等。相对于国外比较成熟的时尚理论研究，我国学者在研究范围和研究方法方面还有待于更加深入。

（二）服装时尚

时尚体现在衣食住行的各个方面，可以由不同的产品来体现，如汽车、房子、手机、电影、服装、服饰、饮食等。服装只是时尚的一个方面，一种表现形式。或者说服装是时尚元素的载体，是时尚的外在表现形式。在英语中，时尚与时装是同一个单词——fashion，可见，在所有的有关时尚的产品中，服装占据着时尚非常核心的位置。

最初，服装的主要功能是避寒保暖或遮羞保护，但随着社会的发展，服装的社会性功能愈加突出。服装在不同时期充当着不同的社会角色，象征身份和地位。如，我国古代的不同朝代借服装的型制、色彩、服章等来区分阶级、维系伦常。因此，服装成为个人与社会之间关系表现的重要环节，它既要实现个性和自我表现，又要合乎社会规范，为社会大多数人认可。也就是说，服装一方面是依靠每一个独立的个体实现的，是"为我"的；而另一方面，服装又是个人按照一定的社会规范穿着起来的，"为他"的。由此，通过一个人的衣着，可以看出其社会地位、经济地位、性别角色、政治倾向、民族归属、生活方式和审美情趣等。服装成为一种强烈的、可视的交流语言，它能告诉我们穿着者是哪类人、不是哪类人或者将要成为什么样的人。

服饰发展史本身就是一个时尚发展史，衣服原本是蔽体保暖的，当这一目的得以满足之后，人们就要追求审美，体现时尚。服装时尚是服装社会性的一种表现，以象征表征文化的服装文化为载体，通过大众化的时尚追求，反映出社会政治、经济、文化的时代特点。服装时尚是一个时代审美观、价值观的真切反映，最具代表性和典型性。

当前，我国消费者对服装的需求呈现多样化、个性化、时尚化的特点，追求时尚成为当代社会的一种普遍现象。服装市场出现色彩斑斓、款式更迭，潮流不断涌现更新的特点。从这个意义上来说，对服装时尚的追求是带动服装产业发展的推动力，而这种趋新善变的表现特征就是服装时尚的灵魂，即时尚的本质就是不断创新和变化。所以，服装时尚一定程度上说是永不停滞的创新和变革。

（三）老字号与时尚

当前，对于老字号的报道和研究，出现了一些新的视角，从时尚视角探究老字号的发展与出路的资料也越来越多。刘娜（2008）"老字号中国时尚的历史脉络"，吕艳丹（2009）"百年李锦记的时尚营销"，郭薪（2011）"老字号发展的时尚历史脉络及现实策略研究"，张翔华（2011）"敢与时尚共舞：呼唤老字号创新精神的回归——再论老字号创新的本源及路径"等文章。还有，"老字号恒源祥打造时尚新宠"（2011），"瑞蚨祥定制服装经典碰撞时尚"（2012），"内联升时尚首秀耀目恭王府"（2013），"老字号（老凤祥）的时尚之旅"（2015）等新闻报。这表明了老字号的发展正在积极加入时尚这一概念，这是经营理念的一种创新，也表明了老字号与时尚相结合的发展动态和方向。

20世纪90年代以来，随着信息传播渠道的多样化以及后现代社会反对理性、寻找差异性、不确定性等消费特征的出现，各种各样的时尚潮流不断涌现，遍布于人们生活的各个方面，赋予产品时尚意义已经成为品牌建设最重要的任务。同样，老字号必须跟上时代步伐而积极创新，将"老"品牌赋予"新"意义，使老字号不但具有传统文化的特征，而且更要符合新时代对产品的时尚化需求，重新获得消费者的喜爱。

二、瑞蚨祥品牌时尚的表达

（一）主打产品的时尚性

瑞蚨祥产品的经营范围随着时代发展而不同。

1. 成立初期

瑞蚨祥初期以经营寨子布为主，后来经营绸缎、呢绒、皮货等。其中，瑞蚨祥的皮货也以质地优良、品种齐全闻名。瑞蚨祥进货渠道多样，我国北方各省乃至亚洲的皮货精品如海龙、水獭、猞猁、紫貂、滩羊皮等都有进货，在北京、天津一带，四五千元一

图5-7 瑞蚨祥曾经经营的裘皮大衣

件的貂褂、千余元一件的海龙领子（最好的属金丝猴、白狐）等稀有皮货，往往只在瑞蚨祥有货。

2. 新中国成立后

瑞蚨祥率先实行了公私合营，以经营绸缎、呢绒、皮货等为主。图5-7为北京瑞蚨祥绸布店销售的裘皮大衣。

3. 改革开放后

在市场经济的推动下，瑞蚨祥在丝绸、皮货的基础上，开始经营呢绒、棉布、化纤等新的品种，以寻求新的经济增长点。

4. 目前

（1）以经营服装为主，面料为辅。包括：丝绸、真丝服装、旗袍、大衣、皮草、男装、围巾、配饰、家居（蚕丝被）等。

（2）高级定制：婚礼服装、晚宴服装、常服、正装等。

可见，从不同的发展时期来看，瑞蚨祥的经营品类逐渐增多，正是随着社会对服饰需求的变化而改变。

从中可见，丝绸和旗袍的定制服务一直都是瑞蚨祥主要经营项目。

丝绸是中华传统服饰文化的象征，以其精良的材质、美艳的花色、柔顺的手感和丰富的文化内涵闻名于世，备受人们的喜爱。

旗袍是中华民族的一种文化，作为中国服饰文化最绚丽的代表之一，旗袍多年不朽，展示中国传统服饰的魅力，是具有时尚特征的典型产品。一直以来，旗袍是瑞蚨祥的特色主打商品。尤其是近年来，中式服装迎来了空前发展的时期，瑞蚨祥以卓知远见，把握文化之传承，以创新精神，聘请海内外优秀的服装设计师，对传统旗袍的襟型、领型以及袖型等进行改良，坚持瑞蚨祥旗袍细致而富有特色的制作工艺，融合西式礼服的裁剪和工艺方法，给大众更多的新奇感受，让旗袍重新回归。

瑞蚨祥最富有特色的制作工艺主要包括镶边、绲边、嵌条、荡条、盘扣、刺绣等。这些精巧、繁复的制作工艺使旗袍在细节上环环相配，整体上更加精致。一件瑞蚨祥旗袍的诞生通常会选用几种工艺搭配使用，或局部刺绣，或做花样别致的盘扣，轻巧而雅致。其中，盘扣又称"盘钮"，是用布料细条编制而成的，是旗袍制作过程中不可或缺的重要部分。瑞蚨祥手工盘扣是将用作盘花扣的棉线中嵌进一根铜丝，这样棉线更挺括，制成花纽也更坚固饱满。瑞蚨祥手工盘扣分为"梅兰竹菊""福禄寿喜""龙凤鸟卉"三个类型，其中梅花扣、玫瑰扣、凤凰扣、燕子扣、蝴蝶扣、如意扣、喜字扣等手工盘扣常被使用（图5-8）。

如今，越来越多的人希望在自己人生中的重要场合穿着一件属于自己的旗袍，经常会有留学生、准备结婚的新人去瑞蚨祥定制旗袍和中式婚礼服等。越来越多的女性开始重新穿上了旗袍，而瑞蚨祥的定制旗袍业务也反映了社会时尚流行的变化。

图5-8 瑞蚨祥的旗袍定制服务

（二）店面设计

走在北京前门大栅栏街上，瑞蚨祥这座独特的巴洛克风格的建筑就会映入眼中，这是一座中西合璧建筑风格的商店，如今已是全国重点文物保护对象。百年来，这座老建筑容颜未改，见证着大栅栏街的风雨兴衰，成为这条街上唯一一座保存着原貌的老建筑。

从瑞蚨祥商店的配色上看，其色调颇具西洋风情，与中国传统的红墙琉璃瓦建筑有显著不同。外墙是弧形的石壁而非塔式小楼，两边为半圆看面墙，墙上雕花鸟图案。同时，瑞蚨祥的建筑依然保留着中式建筑的细腻精致：匾额楹联、雕梁画栋。中西风情在瑞蚨祥完美融合，和而不同，新颖别致，品味超凡，是大栅栏最吸引人的一道风景线。

瑞蚨祥装修风格豪华气派，内部的天井式建筑由传统院落式建筑发展而来。其平面格局多为"回"字或"口"字，由两层或是三层构成，房间沿天井四周围合。楼上各部分通过跑马廊联系起来，屋顶用罩棚将天井覆盖，就像现代建筑中的中庭空间（图5-9）。

在不同的历史时期，瑞蚨祥这座独特的建筑风采依旧，无论是新中国成立前的瑞蚨祥还

图5-9 北京大栅栏瑞蚨祥店内的天井式建筑

图5-10 反对美国扶植日本军国主义的瑞蚨祥

图5-11 新中国成立时的瑞蚨祥店面

是解放后的瑞蚨祥（图5-9）。

新中国成立后，瑞蚨祥率先实行了公私合营，以经营绸缎、呢绒、皮货为主。同时，瑞蚨祥的门店也保持了原来的建筑风貌，店里的石雕、罩棚等仍保存完好。图5-10是瑞蚨祥外景图片。同时，瑞蚨祥为新中国提供了第一面五星红旗，店门外的两面国旗摆放，既有庆祝建国之意，又可以作为一种展示。门口处的小黑板上面写清了各种主营布料的单位价格，那时还是以尺为计量单位。

显然，瑞蚨祥店门外的宣传牌、标语等随着年代的变化而改变，这些标语和宣传牌的形式和内容无一不反映着当时所处年代的社会文化背景。瑞蚨祥门店的变化也在一定程度上反映着所处年代的社会风貌。

如今，瑞蚨祥门店整体仍保持着原来建筑的风格，只是没有了过去所张贴的牌匾和黑板。当年所说的"京师精华尽在八大祥"，意思就是说当年的京城曾以穿戴有八大祥为时尚。100多年后，"八大祥"绝大多数都已消失，唯有大栅栏商业街上的瑞蚨祥这座巴洛克风格的建筑似乎提示着老字号昔日的辉煌，就是在今天看来，建筑的外观与结构仍然很时尚。但店堂内却保留着20世纪80年代的风貌，从卖场布局到营业员的制服与表情，熟悉而又陌生。

由瑞蚨祥的正门进入，是一个宽敞的展示空间。在以前，这个地方用于来到瑞蚨祥的顾客停轿子，现在，经过修缮后，用于展示制作丝绸的工艺顺序以及用泥人展示成立初期，瑞蚨祥热闹的经营状况（图5-12）。

进入新世纪，瑞蚨祥在扩展新的门店时，不再复制原门店的建筑，而是采用新的时尚的设计方法。2015年，瑞蚨祥入驻金源新燕莎MALL，店面融合现代与古代审美相结合的特点，寓意既传承古典，又融合现代，清晰透亮的通体落地橱窗，搭配白色的门栏和金属支架，三者构成了店铺外观，古典韵味和现代气息萦绕在一起（图5-13）。

图5-12　北京大栅栏瑞蚨祥店内一角

图5-13　瑞蚨祥北京金源新燕莎MALL店铺

（三）品牌宣传与传播

瑞蚨祥旧时以口碑宣传为主，后来，顺应了不同时代的社会风尚和潮流，采用当时最流行的宣传形式以及手法，浓缩着浓郁的时代烙印。从民国时期到现代，广告的风格给人的感受完全不同。

例如，曾经采用月份牌的方式宣传品牌。

月份牌是指卡片式的单页年历，方言指日历。"月份牌"画的诞生，源于西方列强的强权政治。1843年，上海被迫辟为国际通商口岸，然而，开埠结果，却迅速推进了上海城市的近代化。所谓"月份牌"画，就是此时欧美资本大量输入上海，许多外国资本家纷纷在上海开厂设店，倾销商品进行广告宣传的产物。其形式是借鉴和运用了在中国最有群众性的民间年画中配有月历节气的"历画"样式，融入商品广告。最初，外国厂商聘请中国画师设计的"月份牌"画，画面除了商品宣传外，表现的大都是中国传统题材的形象，或中国传统山水，或仕女人物，或戏曲故事场面等。后来则发展为画面以表现时装美女为主要形象。艺术手法上初以中国传统工笔淡彩或重彩作表现，后来发展为以西洋擦笔水彩细腻的写实手法作表现，色彩明净鲜丽，并且大都用技术更为先进的铜版纸以胶版彩色精印，上下两端还镶有铜边，上端铜边居中穿孔，可以张挂，随出售商品免费赠送顾客，广受欢迎。人们获得这种配有月历节气的商品宣传画后，整年张挂在家里，既可装饰欣赏，又可查阅日期节气，人们习惯地称它为"月份牌"。这种"月份牌"在每年春节（新年）前更是大量发行赠送顾客，人们都把它作为年画来欣赏。月份牌影响下的瑞蚨祥广告，如图5-14所示。

图5-14　瑞蚨祥"月份牌"广告宣传

瑞蚨祥的月份牌上所展示的信息有代表民国时期的时髦女性形象、品牌名称、经营范围、店铺地址等，同时也写清了商店中楼上楼下的电话。

另外，也有一些瑞蚨祥的分店广告，如图5-15所示。

现在，经过时代发展的变迁，瑞蚨祥的广告突出建立品牌形象，更加注重品牌经营特色，传递传承150余年的精湛技艺、非物质文化遗产、中国丝绸第一品牌、高级定制

图5-15 旧时瑞蚨祥广告

图5-16 瑞蚨祥广告宣传语"传承150余年的精湛技艺"

图5-17 瑞蚨祥广告宣传语"值得等待的奢华"

等信息，并将其作为广告标语（图5-16）。

如图5-17所示，广告的背景画面通过红墙绿瓦来表现其品牌传统，突出其历史感、尊贵感。模特身穿中式服装，在造型和设计上表达出传统与时尚结合的特点。广告语"值得等待的奢华"，向消费者传达了瑞蚨祥品牌的悠久历史和现今的高端定位形象。

三、品牌发展的问题与困境

百年来，"瑞蚨祥"始终坚持诚信如一，不仅是首批颁牌的"中华老字号"，更是被中国商业名牌管理委员会认定为"中国丝绸第一品牌"。当前，瑞蚨祥与其他老字号同样都面临市场萎缩、品牌淡化等问题。

1. 产品有特色但品种单一，新产品推出速度慢

北京瑞蚨祥自创建以来，店面经营的产品差异性不大。老字号产品研发技术能力有限，不能及时进行产业和产品创新。虽然，高级定制是目前瑞蚨祥发展的核心内容，尤其是旗袍的定制服务已经成为其主要特色经营项目，但由于品牌影响力和价格原因，导

图5-18 瑞蚨祥店内的产品陈列

致产品的普及率并不高。图5-18是瑞蚨祥店内销售的产品，产品的设计和造型缺乏特色。

2. 体制转换困难

瑞蚨祥历经公私合营、国有化与股份制等变革，政企不分和产权归属不清等问题十分严重，企业改制的过程中，许多历史遗留问题如企业房产、商号的产权及职工身份置换等问题都暴露出来。

3. 品牌形象老化，创新不足

当前，消费者很少能从新闻或者广告中看到瑞蚨祥的身影，其品牌形象并没有在消费者心目中留下深刻的印象，感觉不到老字号给他们带来新的惊喜。而且瑞蚨祥在品牌传播上重视也明显不够，产品的销售形式仍然陈旧落后，缺乏新意。另外，现代社会普遍的互联网传播不可忽视，但瑞蚨祥在官网的数据更新速度慢，表现内容有限（图5-19）。

图5-19 北京瑞蚨祥店内的产品销售布局和产品展示

4. 服务质量不高，品牌营销手段单一

据调查，瑞蚨祥店内虽然也有一些服务项目，如"外地顾客，代办邮寄"，见图5-20，但由于销售人员着装陈旧过时，缺乏现代服务意识，服务态度冷淡，很多顾客对瑞蚨祥的服务仍有不满。同时，在企业经营机制、管理方式、产品开发和市场销售方面缺乏创新，与市场脱节。

随着企业之间竞争激烈，产品竞争并非是最主要的竞争手段，消费者更加追求感性的满足，瑞蚨祥虽然历史上具有良好的口碑，但如果缺乏与消费者情感上的联系和纽带，就会被消费者淡化品牌甚至遗忘，因此，全面系统的品牌建设规划是必要的，利用现代化的媒体和互联网，全方位的品牌传播也是重要的一环。

图5-20 瑞蚨祥店内的产品陈列

当前，基于全新的互联网＋商业模式，瑞蚨祥在京东、天猫旗舰店等平台实现了"线上下单、线下购买"的新模式（图5-21），确立了"以定制产业为核心，顾客需求为导向，产品为基石，强调顾客体验，注重口碑传播"的发展策略，产品涉及服装、配饰、皮草、家纺用品等多个领域，确保每一件产品都呈现出无与伦比的卓越品质。

图5-21 瑞蚨祥的天猫旗舰店

在高级定制服务方面，瑞蚨祥也制定了"九大流程"，即由专属助理、形象顾问、量体师、制板师、剪裁师、缝纫师、整烫师、盘扣技师以及刺绣技师组成多人团队，实现"一个团队为一个人服务"，为每一位顾客提供全方位的贴心服务。在瑞蚨祥的定制产品中，每一件定制产品的诞生，都要经过超过20个部位的量体、50道以上的加工工序，并秉承"责任""传承""创新"的品牌理念，不断优化品牌和产业升级，立志引领新中式时尚，成为中国传统商业向现代商业转型的市场价值典范。

瑞蚨祥是否能够回归曾经的辉煌，成为新时代的时尚引导者？我们拭目以待。

中华老字号
China Time-honored Brand

第六章

内联升

第一节 内联升的历史与发展

一、发展与现状

内联升，始建于公元1853年（清咸丰三年），是著名的中华老字号品牌，以生产制作千层底布鞋而闻名中外（图6-1）。

内联升的创始人是赵廷，因早年曾在一家鞋作坊学得一手制鞋手艺，又积累了一定的管理经验，就想自己开一家铺子。当时的北京，为官员制作朝靴的专业鞋店很少。赵廷意识到，在这官员众多的天子脚下，"想赚大钱，就得打这些坐轿人的主意"，于是，"内联升"就此诞生。

内联升在创始之初，就十分注重产品质量以及客户需求，选用最好的布料，制作的朝靴底厚达32层，穿着舒适轻便。并且，每一双朝靴都上门量尺寸、试样子，直到客户满意为止。后来，创始人赵廷将客户的尺寸、脚型、住址以及需求等信息记录在册，并按官职、身份背景等信息编成著名的《履中备载》，不仅为客户提供了方便，也使内联升独具特色的档案管理以及商业模式成为京城名噪一时的佳话。内联升做的鞋，是一种特殊身份的象征，更是一种身份的炫耀。

清王朝覆灭后，制作朝靴没有了市场，但缎子鞋和礼服呢鞋受到新一代

图6-1 北京大栅栏内联升总店

"坐轿人"的热爱，于是，内联升采用千层底制作工艺，鞋底、鞋里、鞋面均采用质量上乘的新料、好料，制作成小圆口千层底鞋，深受当时有身份有地位的文艺界以及知识人士的喜爱。

新中国成立后，内联升经历了经营思想、经营方向上的变化，打破了专营男靴鞋的业务局限，增添了女鞋（绣花鞋）、解放鞋等，受到了普通民众的喜爱。

20世纪50年代，内联升和很多老字号企业都完成了从私营到国有企业的转变，并建立了自己的生产车间。1976年，内联升开始生产与经营皮鞋。"文化大革命"时期，

图6-2　内联升店内的产品展示

内联升一度更名为"东方红鞋店""长风鞋店"。1977年，北京市出台相关政策，恢复老字号商标，内联升成为第一批恢复老字号品牌的企业。1988年，内联升重建了新营业楼，营业面积达1700多平方米，外观保留了清代的建筑风格，古色古香，金碧辉煌。内部宫灯悬挂，货架仿古逼真，彰显民族特色（图6-2）。

2001年，内联升改制为有限责任公司，员工成为公司股东，内联升进入快速发展阶段。2006年，国家商务部重新认定"中华老字号"，内联升列入首批名单；同年被中国商业联合会授予"中国布鞋第一家"称号。2008年，"内联升千层底布鞋制作工艺"被列入第二批国家非物质文化遗产名录。内联升从建立初期到现如今已经囊括了多个奖项，具体如表6-1所示。

表6-1　著名的老字号"内联升"所获奖项

时　　间	获奖名称
1915年	获得国货展览会京都市产品协会颁发的"各类鞋一等奖"
1935年	获北平市物产展览会颁发的"靴鞋一等奖"
1984年	被评为"部优产品"
1987年	获全国鞋帽联合会颁发的"产品二等奖"
1992~1995年	"内联升"商标连续三届被北京市工商行政管理局认定为"著名商标"
1994年	被中华人民共和国国内贸易部命名为"中华老字号"
2001年	被北京市旅游局认定为旅游定点商店

时　　间	获奖名称
2002年	被中国商业联合会评为"中国名牌"
2006年	被中国商业联合会授予"中国布鞋第一家"称号
2007年	被北京市政府列入重点保护"非物质文化遗产名录"
	被国家工商行政管理总局认定为"中国驰名商标"
2008年	被列入第二批国家级"非物质文化遗产名录"
	"第29届北京奥林匹克运动会"提供奥运赛事颁奖礼仪用鞋
2011年	成为第一批国家级非物质文化遗产生产性保护示范基地
2016年	"迪士尼亲子系列"被评为中华老字号十大创意产品
	获"北京十大商业品牌"荣誉称号
2017年	内联升大栅栏总店荣获"北京商业品牌星级门店"

　　目前，北京内联升鞋业有限公司总店坐落在繁华的前门大栅栏商业街34号，是国内规模最大的手工制作布鞋的生产企业，销售形式为零售兼批发，企业性质为股份制企业（图6-3）。公司采用现代化运营模式，在继承传统工艺的基础上，企业生产男鞋、女鞋及童鞋，花色品种多达3000余种，形成了全方位的产品结构，以中高档消费群体为主，在北京设有直营店，并在国内各大中型城市设立专柜，销售网络遍布全国各地。

　　在互联网大潮中，内联升不断变革，紧跟时代潮流，公司的官网和销售电商平台纷纷成立，并开始在兼顾传统经典和时尚创新方面做了诸多尝试，内联升进入一个快速发展时期，以崭新的面孔出现在大众面前（图6-4）。

图6-3　内联升总店一楼大厅

图6-4　老字号内联升的官网

二、品牌寓意

品牌名称"内联升"，这三个字具有深刻的寓意。其中，"内"寓意宫廷，"联升"谐音连连高升，因为创立之初，内联升主要制作官靴，所有的皇亲国戚和文武百官都盼望着"连升三级""平步青云"。因此，取名内联升寓意顾客穿上此店制作的朝靴，可以官运亨通（图6-5）。

据说，不知当时内联升是不是真有如此神奇的功效，但内联升的生意的确

图6-5 郭沫若题写的"内联升"牌匾

"火"了起来。旧时的朝廷文武大员都穿内联升做的朝靴，达官贵人也都愿意来内联升选一双寓意着"连升三级"的布鞋，因为脚踩内联升是尊贵身份的象征。

三、特色产品——千层底布鞋

千层底布鞋因鞋底用白布裱成袼褙，多层叠起纳制而成，取其形象得名。其面料为礼服呢等上等材料，配以漂白布里制成鞋帮，经绱做成鞋。由此，千层底就泛指手工纳制的布鞋鞋底。纳底布鞋发展到清代，进入了全盛时期，造就出驰名中外的"千层底"，无论是造型、材料或是技艺方面都有了较大发展。

内联升千层底布鞋制作工艺有着悠久

图6-6 内联升传统的千层底布鞋

的历史，具有独特的优势。作为中华民族的宝贵财富和珍贵遗产，具有极高的历史文化价值、经济价值和工艺价值。所谓"千层底"并不是真的有一千层，一方面是其形象的说法，更主要是指制作过程中的工序繁缛，工艺要求严格。制作千层底布鞋需要经过近百道工序才能完成，每道工序都有明确严格的规定。以纳鞋底这道工序为例，纳底工艺要求每平方寸纳81针以上，每双鞋要纳2100多针，且针孔细，麻绳粗，要针码分布均匀，一针一线，全部手工制作完成（图6-6）。

2008年6月，国务院正式公布第二批国家级非物质文化遗产名录。入选此批"非遗"名录的项目共有510项，分为民间文学、传统音乐、传统舞蹈、传统戏剧、曲艺、传统体育、游艺与杂技、传统美术、传统技艺、传统医药共计10大类。其中，传统手工技艺97项，"内联升千层底布鞋制作技艺"成为入选第二批国家级非物质文化遗产名录项目中唯——项来自手工布鞋行业的非物质文化遗产项目。

（一）产品特点

内联升传统千层底布鞋，选用纯毛料、棉布、牛皮、麻绳等天然材料，加工过程完全采用手工制作，选料精湛、质量上乘。经过精心加工制作，产品具有透气性能好，冬御寒、夏吸汗的特点，对足部具有保健的功能。

1. 保暖性能好

内联升"千层底"布鞋，完全手工制作，鞋底采用全新的纯棉白布纳制而成千层底，并选用全新棉花絮填充，因此具有保暖的特性。

2. 透气性能好

内联升千层底布鞋精选优质的纯棉、纯麻绳手工纳制，具有透气、吸汗的特点，有利于双脚散发热量，减少双脚因经常走路而结集脚汗，避免脚汗的淤积使人感到的闷、热、湿及周身不适。

3. 防滑性能好

内联升手工"千层底"布鞋，适当垫高鞋跟的设计，既能维护人脚底的足弓，还具有防滑效果。

4. 柔软性好

内联升"千层底"布鞋，因采用全新纯棉白布纳底、全新棉花絮填充鞋底，因此具有穿着轻松、舒适的特性。

中国俗语说：腿勤人长寿，脚勤人身壮。养生、保健、长寿是当今人类最关注的问题。随着人们生活水平的提高，"足下健康"越来越成为人们关注的焦点。内联升布鞋保暖、吸汗、透气性好，使用纯棉、纯麻制作的千层底布鞋，能保持干燥，防止细菌生存，达到减少脚病和保健的目的，为此，很受民间百姓的欢迎，人们用"穿坏两双帮，穿不坏一双底"来评价内联升的千层底鞋。可见，千层底鞋的结实耐穿。

正是千层底鞋的这些特点，2006年，内联升被中国商业联合会授予"中国布鞋第一家"称号（图6-7）。

图6-7　内联升被评为"中国布鞋第一家"

（二）精湛的技艺

千层底布鞋的做工复杂，工序繁缛，技艺高深，难度大，耗时长，而且工艺要求严格，每双鞋的制作都要经过剪裁底样、填制千层底、纳底切底边、剪裁鞋帮、绱鞋、楦鞋、子修抹边、检验等近百道工序，制作一双鞋往往要花上四五天的工夫。手工缝绱鞋时，则要求必须紧绷楦型，平整服帖。绱鞋的针码更得间距齐整，鞋帮与鞋底的结合要严合饱满。

千层底布鞋鞋底的制作，具体要经过七道工序。每道工序都有明确严格、一丝不苟的要求。

（1）制袼褙：把上好的纯棉白布用浆糊一层层粘贴在一起，贴至1.5毫米左右，烘干成布板，俗称"打袼褙"。

（2）切底：把袼褙切成一片片的鞋底。

（3）包边：每片鞋底用新白布条包上四边。

（4）粘合：把包边后的鞋底料八、九层粘在一起。

（5）圈底：用麻绳把粘合后的鞋底沿四边缝合。这道工序决定着鞋的式样强度，因而是七道工序中的重要一环。

（6）纳底：用上等麻绳纳制鞋底。要求每平方寸鞋底纳81针以上。麻绳粗、针孔细，加工时得用手勒得紧，针码还得分布均匀。

（7）捶底：鞋底要放到80~100℃的热水中煮，然后用棉被包严热闷，闷软后再用木槌捶平、整型、晒干，这样就使几十层布和十几层袼褙组成的鞋底变成一个整体，穿着柔软舒适、吸汗、不走样。这实际上是鞋底的定型工序。

一百六十多年来，内联升发生了一系列的变化，但是这块老牌子始终屹立不倒的原因还是它坚实的品质和精湛的技艺。虽然制作布鞋看似没什么玄机，但在内联升长期的钻研下，布鞋的制作技艺堪称炉火纯青，一针一线，皆有章法，复杂多变，令人赞叹。

内联升布鞋制作工艺的特点可以概括为"一高四多"，即：工艺要求高；制作工序多；纳底的花样多；绱鞋的绱法多；品种样式多。内联升千层底布鞋的制作技艺，一直沿用传统手工制作方式，工序复杂繁多，总工序达90余道。每道工序都有严格明确的标准，讲究尺寸、手法、力度，要求干净、利落、准确，严格明确的工序标准甚至深入到了工人的每一个动作。近乎完美的工艺标准使内联升对原料、辅料、配件的质量要求也达到了精益求精的地步（图6-8）。

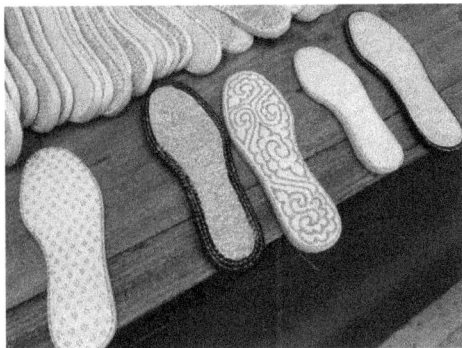

图6-8　内联升千层底不同的纹样

（三）新时期的千层底

历史上，中国的手工布鞋很普遍。据记载，中国最早的千层底布鞋始于周代。从山西省侯马市出土的周代武士跪像的鞋底上，明显可见一行行规整的线迹，与今天的纳底布鞋完全一致，它表明3000多年前的周代，纳底布鞋已经被使用。新中国成立后的一段时间，还有些人的鞋子是由妈妈或奶奶手工制作完成，后来，各地开办了很多布鞋厂，集中大量生产机制布鞋，这是中国布鞋的鼎盛时期。改革开放以后，布鞋逐渐淡出了鞋类市场的主要舞台。

新的时期，尤其是进入21世纪后，人们的观念趋向自然和健康，穿上一双合适的布鞋，成了很多现代青年男女追赶的时尚潮流。布鞋相对于其他鞋类，有着更广阔的应用场所，尤其适合在休闲、旅游、室内、开车等非正式场合穿着，因此，布鞋依旧保持着巨大的生命力。面对消费需求的变化，内联升也在适应市场变化。如今，时尚、漂亮的绣花千层底女鞋一直以款式新颖、漂亮端庄而闻名，在国际上已经成为中国传统女性文化的标志之一。

内联升的千层底布鞋制作技艺，历经几代人的传承，形成了独特的传统手工布鞋制作技艺，企业通过ISO 9001国际质量体系认证和ISO 14001环境管理体系认证，严格制定并执行每一道生产制作工序的生产工艺标准和环保标准。

一直以来，内联升为了把"手工布鞋制作技艺"以"活的形态"传承和发展，积极研发千层底手工鞋系列产品。现代流行的千层底布鞋与传统样式已大有不同，无论在款式还是颜色面料上都更符合现代人的审美及回归自然的要求（图6-9）。

内联升为了加强手工千层底布鞋制作技师的梯队建设，不断吸引培养一批具有较高文化层次、热爱传统制鞋技艺的年轻人。生产工艺上，坚持以制鞋师傅一针一线手工缝制。内联升曾经尝试过机械化大批量生产千层底布鞋，最终实践表明，机械化生产出来的鞋和手工纳出来的鞋在质量和舒适度上存在明显差别，最终还是回归到手工缝制。

目前，内联升的设计研发流程仍主要由公司控制。公司负责原材料采购，然后分门

图6-9　内联升与游戏《愤怒的小鸟》合作的鞋款

别类，部分原材料直接被提去加工厂进行前期生产；部分原材料在公司加工为半成品后，送到其他加工厂进行下一步加工。加工完成后，所有产品收回工厂进行后期处理和检验，最后一两道工序完成后，包装入库。在加工厂处理过程中，公司派往各个加工厂的巡视员和驻厂员负责质量控制。关键的技术环节全部由内联升掌握。在内联升全部加工完成后，根据ERP系统调拨到各个店面销售。此生产分销流程结束后，根据ERP软件测算销量、库存，安排下单。

四、品牌故事

（一）《履中备载》——最早的客户关系管理档案

内联升从创始之初，其制作的朝靴深受朝中大员喜爱，逐渐在达官贵人圈中口碑相传，京城文武百官买鞋必到内联升，来京官员送礼或自用也会到内联升选购朝靴。由于

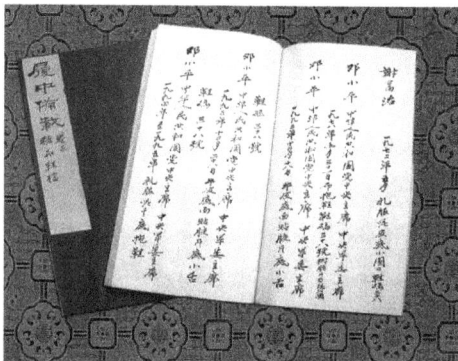

图6-10　内联升的《履中备载》是中国最早的"客户关系管理档案"

三品以上大员做鞋是不会亲自到鞋店的，内联升就派伙计过去量尺寸、试样子。天长日久，内联升积累了大量的朝中显贵的靴鞋尺码，于是，创始人赵廷将官宦的靴鞋尺寸、式样、特殊爱好一一整理登记在册，取名《履中备载》。这是有证可考的国内第一本VIP客户档案（图6-10）。

当时，洋务大臣李鸿章、两广总督刘长佑等朝廷重臣以及恭亲王奕䜣等皇亲贵族的靴鞋尺码等都被收录其中。于是官吏

名流将能够进入《履中备载》视为一种荣耀。这些显贵人家需要靴鞋，只需唤家人到内联升通报一声，内联升自会做好送到府上。

有趣的是，据说，由于《履中备载》记载了王公贵族和知名的京官、外省大吏的靴鞋尺寸、样式和特殊脚形等信息，那时各地进京的举子为巴结在京为官的"恩师"，或穷京官为谋得外放的肥缺，常常到内联升打听上司、恩师的"足下之需"，花重金为上司、恩师定制几双朝靴送去，表示"善体上情"——连上司穿多大尺寸的鞋都知道，自然是"心腹"之人，从而博得青睐和赏识，以求飞黄腾达。为此，内联升生产的朝靴身价倍增。

内联升根据《履中备载》中所记顾客的不同需求、爱好，定制适合顾客的靴鞋，也可以称为中国高级定制的启蒙者。

如今，内联升同样开展"量脚订鞋"服务，由内联升国家级技艺传承团队——何凯英大师亲传的三位弟子为顾客测量脚长、跗围、跖围、兜跟围等数据来制作千层底手工布鞋或牛皮底手工布鞋，定制周期大约一个月时间。为了更好地吸引年轻人，内联升还提供"个性手绘鞋"和"设计师定制"服务，顾客可以在"个性手绘鞋"专区，在线选择图案和款式，甚至可以自主提交图案、文字甚至自己的头像，让工厂进行个性化定制。

（二）重要人物的专用品牌

我国老一代国家领导人毛泽东、刘少奇、朱德、邓小平都曾穿用内联升的鞋，许多国家元首、国际友人也是内联升的老主顾，许多社会名人、演艺界人士偏爱内联升的布鞋，同样普通百姓更是内联升布鞋的钟爱者。

毛泽东主席生前非常喜爱内联升布鞋，内联升制作了毛主席生前常穿的一个款式，作为毛主席纪念堂里的陈列鞋，同时这双鞋被国家博物馆收藏。周恩来总理常穿内联升的"千层底小元口"布鞋作为平日的休闲鞋，一生穿用多双，内联升布鞋伴随总理走完光辉的历程。朱德总司令也偏爱千层底布鞋，内联升多次为其制作舒适、透气的布鞋（图6-11）。

老一代领导人邓小平也酷爱手工布鞋和缝制的软皮底鞋。据内联升官

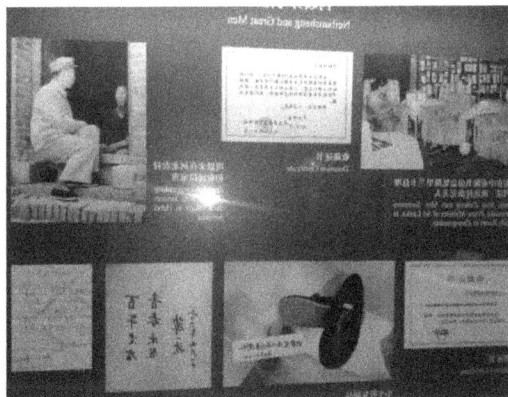

图6-11　内联升总店展厅展示的名人与布鞋的故事

网记载，1997年香港回归前夕，内联升特地为邓小平制作了一双黑色的皮便鞋，希望他能穿上这双鞋，踏上回归后的香港土地。但不幸的是小平同志没有等到这一天就与世长辞了。此后，内联升为了纪念小平同志，将这款"未能送出的鞋"取名为"小平式"，以表达对这位世纪伟人的敬仰和崇敬之情。此款鞋被国家博物馆收藏并颁发了证书。

同样，内联升《履中备载》中还翔实记载着众多的新中国几代国家领导人的"足迹"档案。

内联升布鞋不仅在国内家喻户晓，在国外同样享有盛誉。美国前总统老布什先生在任中国联络处主任时，曾为夫人定制了既舒适又轻便的内联升布鞋。朝鲜前主席金日成先生，越南前主席胡志明先生都曾是内联升的主顾，内联升鞋成为了传递友谊的"使者"。

另外，内联升的店史中记载，内联升布鞋还受到了文艺界、演艺界人士的喜爱。例如，演员成龙、主持人邢质斌、李修平等也是内联升的粉丝，与内联升结下了极深的布鞋情缘。

同样，内联升布鞋自然、舒适、环保，经典的款式设计涵盖了丰富的文化内涵，现在很多潮流年轻人也成为内联升手工布鞋的忠实顾客，以此彰显出穿着者的文化品位与个性。

第二节　内联升——品牌传播与创新

一、品牌传播对老字号的重要性

品牌传播是指企业通过一定的传播手段，在全面分析目标消费者特征的基础上，将品牌信息传递给目标消费者，从而获得消费者的认同，最终提高品牌在受众心目中的认知度和美誉度。

品牌传播的实质是塑造品牌形象，提升品牌价值。企业通过各种传播媒介传递企业文化，以此塑造品牌个性，形成消费者的品牌偏好，从而促进消费者的购买行为。良好的品牌传播能够增加消费者对品牌价值以及品牌文化的认同，塑造企业品牌形象，提升消费者的认知度、忠诚度、美誉度，从而提升品牌价值。

　　近年来，随着新媒体以及网络信息技术的发展，品牌传播的方式和内容都发生了变化。内联升在新媒体日益发展的社会背景下，与新兴品牌一起，加入了迎接新媒体挑战的行列，寻找新媒体时代下的商机。

　　新媒体是相对于报刊、电视、广播等传统媒体而言的一种新兴媒体形态，通过数字电视、手机、电脑等通讯终端，利用数字技术、移动技术、网络技术等新兴技术与受众进行互动沟通。新媒体的"新"不仅体现在新技术上，更体现在新观念、新形式、新体验上。新媒体渠道广泛，突破时空限制，覆盖率高，能够对受众进行精准定位，实现与受众的双向互动沟通。另外，新媒体的文字、图像、声音、视频、动画等视觉冲击为品牌传播注入活力，为受众带来新体验。作为中华老字号的内联升品牌，有着悠久的历史和丰富的文化底蕴，其历史、文化、店铺以及招牌等本身就是品牌传播的一种形式，是一种特有的而且无法复制的优势。同时，现代新媒体的时代，为内联升的品牌传播提供了更多选择，内联升突破传统经营理念的束缚，借助新媒体来传播品牌文化，实现老字号与现代技术的结合，拓展品牌传播方式以及传播渠道，从而在提升品牌知名度、提高品牌价值方面进行了大胆的探索。

二、内联升品牌传播的特点

　　从内联升的发展历史来看，内联升的品牌传播主要体现在以下几个方面。

　　（1）"内联升"品牌命名的美好寓意是品牌传播的第一步。内联升所体现的人们对功名利禄的追求，对美好生活的向往，便于公众理解，产生品牌联想，体现了品牌的精神理念和文化内涵，使消费者在购买产品的同时获得心理满足。

　　（2）口碑传播的力量。口碑传播具有高度的说服力，因而具有强大的影响力。无论是朝廷重臣或皇亲贵族以及国家元首、国际友人或平民百姓都是内联升的顾客，社会名人和普通大众的口口相传，提升了内联升品牌的知名度、美誉度。

　　（3）优质的产品和精湛的工艺是品牌传播的基础。百年来，无论经历怎样的变迁，内联升都会根据社会大众的需求调整产品结构，无论是面对达官贵人还是普通大众，始终秉承"以诚相待、童叟无欺"的经营理念，把产品质量和生产工艺视为品牌创建和传播的生命线，提高了公众对品牌的忠诚度，提升了品牌价值。

三、内联升的传播策略与方向

虽然内联升主要顾客为35～65岁，但培养35岁以下年轻人群的消费习惯已成为内联升品牌传播的重心，并将对未来发展起到长远意义。因此内联升的管理层对广告投入策略做出重大调整：从2012年起，减少电视和纸媒预算，更专注投放到户外和网络平台，且不断加大投入。

（一）建立电子商务平台，突破区域性限制

企业网站和电子商务平台是企业推广产品、树立品牌以及建立与消费者关系的重要渠道。长期以来，内联升的产品主要在北京地区销售，产品的认知度受到地域的限制，这无疑制约了内联升的增长空间，电子商务使内联升的商品销售渠道从有限的实体店面延伸到全国各地。

2007年，内联升开始涉足电子商务，但由于认知和管理的局限，导致产品线上线下价格混乱，销售处于亏损状态。2009年，内联升ERP系统正式上线，规范了业务管理流程，大幅提高了工作效率和信息化管理水平。此外，借助ERP系统建设的契机，内联升对顾客数据实现了高效管理，并为续写现代版《履中备载》提供了有力的技术支持。2010年，内联升CRM系统正式上线，包括会员管理、高端定制等配套业务和设施相继推出。2011年，内联升借助ERP系统以及CRM的发展，对线上线下商品价格进行统一管理，正式搭上了电子商务的直通车。2011年6月，公司专门成立网络营销部门。2011年9月，内联升自建的国内首个布鞋类B2C网购平台——尚履商城（1853shop.com）正式上线运营，尚履商城通过展示经典的手工布鞋、集结新发布的时尚新品和设计师限量定制，吸引了一大批喜欢布鞋的网民（图6-12）。2012年6月，内联升入驻天猫，此外还选择了京东商城、1号店等网购平台，并与大众点评网等第三方平台进行合作。

目前，内联升的尚履商城主要面对的是经销商以及年轻的消费者，产品结构在经典的基础上，以潮流、时尚的款式为主打，也起到品牌传播的作用。

内联升的官网和线下会员系

图6-12　内联升的官网商城——尚履商城

统是打通的，顾客只要在内联升定制鞋，就可以直接成为 VIP 会员，其相关信息也会被记录在现代版《履中备载》中，再次购买时，就无需提供自己的鞋码。目前，已收录6000 余名会员，线上占 10% 左右。现代版的《履中备载》成为内联升巨大的隐形财富，带来的不仅是稳定的业绩，更是一种无形的广告。

（二）从传统到时尚的转变，培养对品牌的新认知

内联升凭借精细的工艺受到众多消费者的青睐，沉淀了众多忠诚的追随者，但受产量、工艺以及穿着习惯的制约，市场吸引力仍不可避免地在减退。尤其是对年轻人而言，内联升被贴上"设计老""产品土"的标签。在与皮鞋、运动鞋等主流产品的竞争中，手工布鞋逐渐被边缘化成小众产品，目前主要顾客的年龄为 35~65 岁。面对新的主流消费群体，内联升的管理层认为，在坚持传统、留住老顾客的同时，占领年轻消费者的心智，培养年轻人群的消费习惯，将对品牌发展有长远的意义。因此，回归到当前市场主流，跟主流消费群体擦出火花，建立内联升在年轻消费者心中的新认知成为内联升品牌传播的重心。

首先，内联升在产品设计中尝试将一些时尚流行的颜色、布料以及制作工艺糅合进传统的布鞋制作中，打破了过去传统老款式"黑老虎"一统天下的格局。不仅有传统的手工"千层底"布鞋，还有工艺、牛仔、体操、芭蕾、时装、网花、绣花等布鞋，适应了现代人求新、求美的心理。在鞋的花色上更是五彩缤纷，如白、蓝、粉红、玫瑰红等，并运用朵花、碎花、暗花、绣花、格花等装饰，可与时装搭配。在面料方面，不但有棉，而且发展到采用平绒、毛呢、涤纶、牛仔、仿布、帆布等材料。为了与现代生活方式相适应，不但有传统的手工"千层底"布鞋，还有横压底、注塑底，再衬垫上一层麻编底，这样，既改变了布底布鞋怕水忌湿的缺点，又保留了柔软、舒适、轻巧、健康的特性（图 6-13）。

其次，为了传播内联升品牌的新的时尚个性化特征，内联升的 B2C 商城以"尚履商城"来命名，之所以不用"内联升"做网上商城的名字，目的就在于要将传统顾客与网上顾客做一个明确的区分，网上商城更多地是为了迎合年轻消费者的需求，无论名称还是网页设计等方面，尚履商城都力争给人带来轻松、时尚的感觉，拉近与年轻人的心

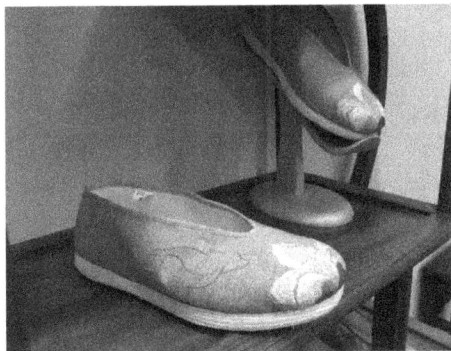

图 6-13　内联升与电影《大鱼海棠》合作的鞋款

理距离。

2013年9月，内联升在北京恭王府举办2014年春夏新款发布会，将传统工艺文化与现代时尚元素结合，展现了鞋类老字号的时尚蜕变。另外，内联升为加强对年轻消费者的宣传，经常举行一些时尚新潮的活动，为老字号赋予新鲜血液。2013年，为了庆祝160周年店庆，内联升在北京的"西单大悦城""三里屯太古里"举行了主题名为"布鞋族的崛起"的快闪活动。参与者是热爱时尚来自不同行业的年轻人，他们统一穿着内联升经典款布鞋，聚集形成数字"160"，并喊着："内联升160年的经典只为今天。"

2014年6月，巴西世界杯期间，内联升推出"世界杯主题彩绘专区"，顾客不仅可以直接购买热门球队的手绘鞋，还可以个性定制涂鸦自己喜欢的球员号码以及口号文字等。这次彩绘活动顾客可以在实体店直接购买，也可以在尚履商城以及天猫旗舰店预订购买。同时，内联升也推出设计师高级定制产品，满足年轻客户的个性化心理需求。2014年10月，内联升参与了中国国际时装周活动，展出了内联升四个系列的时尚新品，近距离与潮流尖端进行沟通交流。内联升新品不仅受到了诸多时尚买手的关注，其将传统与时尚相结合的理念与做法也受到了时尚人士的肯定和赞扬。

2017年12月，内联升"九州·海上牧云记"主题展在内联升大栅栏总店三层非遗展厅举行，吸引了民众的目光，也传播了品牌文化。

（三）社交类媒体的利用，挖掘社会化媒体营销的价值

新兴的社交类媒体对品牌传播的模式产生了很大的影响，通过社交类媒体打造的虚拟社区，为品牌传播提供了广阔的传播范围。

2009年底，内联升开通新浪官方微博@内联升鞋店。内联升的微博主要针对的是自己的顾客，面对的是小众潜在顾客，有很强的针对性。内联升转发顾客的微博，这种转发形式，会使已有顾客更加忠诚，而且能更加精准地抓住他们身边的潜在顾客。微博营销成本低、传播速度快、效果回馈迅速的特点与老字号有着很好的契合度。

2013年1月，内联升开通了微信平台，应用微信形式进行品牌传播。内联升的微信传播主要针对的是年轻客户，其微信公众号主要分为互动区域、尚履商城、潮老品牌、微自助四个模块。互动区域消费者可以提问任何问题，实现消费者与企业的互动；尚履商城可以实现消费者的直接购买；潮老品牌主要介绍品牌历史、时尚达人的街拍秀以及企业的传播活动；微自助是关于企业快递门店查询以及微信特权优惠方面的信息等。

内联升利用微博与微信等社交媒体，增加了新的流量入口和展示平台，并提供保养、购买咨询以及其他商务合作、媒体采访等信息，在与消费者的互动中提升了品牌传

播价值。

（四）举办参加文化专题活动，扩大品牌的国际影响力

在内联升的发展历程中，由于早期的口碑相传，内联升布鞋不仅在国内家喻户晓，在国外同样享有盛誉。因此，内联升的名人效应在品牌的国际化传播中发挥了重要作用。

随着中国经济的崛起，中国的品牌开始走出国门，而老字号品牌由于具有中国传统文化的鲜明特征而备受关注。1996年，内联升举办了首次鞋文化展览，通过搜集、整理大量的资料，利用文字图片及实物，较完整详实地展示了中外鞋的文化发展史及企业的发展历程，这对于研究鞋的发展及弘扬鞋文化添上了重重的一笔。2001年，内联升店被北京市旅游局认定为旅游定点商店，成为国外游客购物、旅游观光、拍照留念的特色场所。尤其是在2008年北京举办奥运会期间，内联升每天迎来数千名国外游客。2011年，内联升成为第一批国家级非物质文化遗产生产性保护示范基地，同年，内联升参加"2011北京大栅栏老字号旅游购物节"，内联升的老技师在旅游购物节上展示"千层底布鞋制作"工艺，吸引了大量中外游客的目光。

2014年5月，内联升参加第三届中国（北京）国际服务贸易交易会，交易会以"古都北京·名城名韵"为主题，以非物质文化遗产和文化创意为主要内容进行展览展示，内联升品牌作为非遗项目展示的特色产品和现场技师制作引起了媒体争相报道。2014年10月，内联升参与了中国国际时装周活动，成为国际潮流品牌的一员。如今，Chole、TOD'S这些国际知名品牌开始设计模仿内联升经典款式圆口和松紧口布鞋，具有中华民族特色的内联升品牌正在国际舞台上崭露头角。

四、内联升扩大品牌影响力的新途径

内联升在新的时代背景下，开辟了一条独特的品牌传播之路，使老字号旧貌换新颜。虽然仍存在传播力度不足等问题，但毕竟内联升为老字号的发展进行了有益的探索，对其他老字号品牌的传播推广有一定的借鉴作用。内联升如何进一步拓展品牌影响力，笔者认为可以从以下几方面入手。

（一）传承与创新，实现向高档品牌的价值回归

内联升的主打产品是千层底布鞋，历经几代人的传承，形成了独特的传统手工布鞋制作技艺，是目前国内鞋类手工制作工艺最为精湛、工艺标准最高、高水平技术技师最

集中的企业。作为第二批国家级非物质文化遗产的一部分，内联升采用传统的师徒口传心授的方式，坚持传承手工布鞋制作技艺，促进文化遗产传承与保护，弘扬传统文化与习俗。因此，内联升品牌蕴含丰富的文化价值。

目前，内联升一双手工布鞋平均300元左右，消费人群以公务员、教师、企业家等中产阶层为主。而在其成立之初，一双内联升的官靴需要白银50两，普通布鞋也要白银10两，毫无疑问是达官显贵穿在脚上的奢侈品牌。历经多年，内联升的品牌价值一直被低估。因此，在继承传统的基础上，内联升不仅需要在产品、工艺上进行创新，更应该在品牌传播过程中，不仅仅注重对品牌历史的介绍，更主要的是要对品牌的历史文化底蕴进行提炼，丰富店面、招牌、建筑特色的表现形式，提升内联升品牌的价值。

（二）突出产品的保健功能特点，提高产品的科技含量

人们对鞋的需求不仅是结实耐穿，养生、保健、长寿是当今人们关注的热点问题，"足下健康"越来越成为人们的关注，人们对鞋的观念趋向自然和健康。穿上一双合适的布鞋，尤其更适合在休闲、旅游、室内、开车等场合，2014年9月，当穿着布鞋的马云登上纽约证券交易所的舞台时，布鞋在国际市场上刮起了一股新潮流，人们重新认识到布鞋带给人们的自然、真实和随性。

内联升使用纯棉、纯麻制作的布鞋具有柔软舒适、透气吸湿的特性，能保持干燥，防止细菌生存，达到减少脚病产生，对足部具有保健的功能，尤其是其经过近百道工序生产的千层底布鞋经久耐穿，由此，才使内联升千层底布鞋虽历经百年但经久不衰。因此，内联升可以把养生健康文化与自身品牌的历史文化内涵结合，生产制作宣传养生健康鞋，迎合消费者的健康观念，从而提升品牌的吸引力（图6-14）。

另外，近几年随着"穿戴式智能设备"概念的提出，使智能鞋的开发成为现实。未来内联升的产品设计中可以加大科技的应用，开发出鞋的新功能，这为未来内联升产品开发提供了广阔的市场前景。

图6-14 行走的力量——2017内联升品牌形象宣传片

（三）扩大个人定制，提供个性化服务

随着社会的发展，人民生活水平的不断提高，消费者的消费习惯趋向于追求个性化，展现自身的身份和品位。消费者的个性化需求，促使各行各业"私人订制"蓬勃发展起来。

内联升在创立之初，就已开展了朝靴定制服务。目前，内联升的高级定制走入大众视野，在北京内联升大栅栏总店已推出面向大众的布鞋个性化定制服务，顾客可以从几十种样板上，挑选自己喜好的面料和图案，再由设计师和技师根据客户的要求单独为其"量脚"设计制作。同时，顾客只要在内联升定制鞋，就可以自动成为VIP会员，其脚上的信息也会被记录在现代版《履中备载》中。顾客下次购鞋无需提供自己的号码，也无需重新测量便可选到合脚的鞋子，通过网银支付，快递公司即可将做好的鞋子直接送到其手中。

在定制和服务过程中，内联升需要加强与顾客的情感沟通，提高顾客对品牌的情感粘性。另外，线上与线下定制相结合值得尝试。

（四）面向国际市场，促进民族与世界的品牌文化融合

在经济全球化的今天，一个品牌的发展不应仅局限于国内发展，而是要面向国际市场。内联升百年的成长史形成了其独特的产品与服务以及世代相传的良好商誉，在字号招牌、产品设计、生产工艺、经营方式等方面具有鲜明的中国传统民族文化的特征，蕴含着很深的文化底蕴和文化魅力，具备向全球品牌转换的基础要素。虽然，内联升在产品经营、技术工艺以及管理体制等方面还存在局限性，但从传统老字号成为一个现代的商业品牌，国际化是未来的发展方向。

突出"中国元素"来打造内联升国际化品牌形象是最现实的路径。越是民族的，越是世界的。作为代表中国传统文化载体的内联升，要想立足世界，不仅要将中国特色的民族元素融入到产品的设计、品牌的形象中，更是需要了解目标国的文化特征，寻找品牌文化与目标市场文化的结合点，找到两种文化的通融性，在产品研发、品牌塑造和营销手段方面进行创新。另外，拓展海外市场，是一个积累渐进的过程，需要制订长期的品牌发展规划。随着海外华人数量日益增多，对老字号产品的需求也在加大，海外华人可以成为内联升的首选目标市场。从区域市场来看，中国与日本、韩国及东南亚一些国家由于享有共同的儒家式文化，对产品和品牌的接受度更高，可以把这些国家作为国际化目标的首选，最后再有选择地进入欧美西方国家。

互联网的发展为内联升推动品牌的国际化发展提供了条件。通过电子商务平台，产品实现全球化销售成为可能。2010 年，内联升通过签署销售协议的形式，在东亚地区开展网络营销，成为内联升正式走出国门的开始。未来，内联升还需要在完善网络销售渠道和物流配送方面加大投入。另外，内联升还可以利用互联网加大在海外的宣传，传播品牌文化及民族文化；通过社交类媒体实现与国外消费者的互动沟通，增加国外消费者了解中国与中国文化的机会，提高品牌知名度，培养和挖掘潜在的年轻消费群体，为品牌国际化发展开创一个新的发展空间。

中华老字号
China Time-honored Brand

第七章 盛锡福

第一节　盛锡福的历史与发展

一、发展与现状

　　盛锡福，始创于1911年，发源于天津，是著名的老字号，曾被誉为中国"帽业之冠""帽子大王"（图7-1）。盛锡福生产的帽子以用料考究、手工制作、做工精细、品质优良而著称于世，受到海内外各界人士的欢迎。在1929年的菲律宾国际博览会上，盛锡福草帽获得头等奖。

　　20世纪30年代，随着天津盛锡福的逐渐红火，盛锡福在南京、上海、北京、青岛、武汉、重庆、济南、徐州等地相继设立了分店。1936年，盛锡福在武汉的分店成立，颇受当地人欢迎，武汉人曾有一句顺口溜"买帽心中要有谱，欢迎光临盛锡福"。北京王府井大街上的盛锡福帽店开业于1937年。上海盛锡福店于1939年开业。此时，盛锡福已经有一定的规模，以及完整的经营网络。生产的帽子已形成系列，春夏秋冬四季的男、女、童帽一应俱全。由于当时提倡国货之风日盛，盛锡福在同日本的商业竞争中，"击败日货扬我国威"，成为中国民族企业楷模。

图7-1　盛锡福的发源地——天津盛锡福大楼

　　不少社会名流都成为盛锡福的座上客，一些政界要人更是纷纷给盛锡福题写匾额，其中有宋哲元题的"名驰中外"，秦德纯题的"冠冕群伦"，曹锟题的"国货之光"，邹泉荪题的"冠冕吾华"。而吴佩孚题写的"盛锡福"匾额则一直挂到了现在。

　　1956年，北京王府井盛锡福帽店实现了公私合营。同年，盛锡福帽厂在八面槽韶九胡同19号正式开工生产。其他各地的盛锡福也相继公私合营，盛锡福走上一条为全社会服务的新路，开创了前店后厂集产、供、销为一体的全新产销模式（图7-2）。那时，盛锡福经营的帽子品种达200多种，如有青年人喜爱的"羊剪绒帽"，适合中老年人的"长毛

图7-2　20世纪50年代的盛锡福

绒帽"，女士们戴的"针织帽"，多姿多彩的"儿童帽"以及各式草帽等。盛锡福帽厂长期重视产品质量和传统特色，用料考究，保证优质，不省钱，不扣料，不以劣充优。如毛绒帽保持了绒毛不倒，帽耳不变形走样，高级皮帽采用手工熨烫的质量标准等。高、中、低档商品齐备，赢得顾客信任，营业日益兴旺。

　　改革开放后，盛锡福百年老店重现辉煌。1992～2001年，"盛锡福"连续四届荣获"北京著名商标"，无形资产得到进一步丰富，在市场中树立起质量上乘、品位卓越、文化内涵深厚的著名民族品牌。1998年，"盛锡福"在王府井的门店重新整装开业。2000年改制成"北京盛锡福帽业有限责任公司"，企业的发展进入一个新时期。2006年，盛锡福被商务部公布为首批中华老字号企业。

　　如今，北京的盛锡福有王府井和东四两个门店，不仅在东四店保留了前店后厂的格局，并且在郊区建立了制帽工厂（图7-3）。在产品的销售渠道方面除原有的外贸、内贸部门之外，又增设了电子商务部门。

图7-3　北京的盛锡福店

　　目前，盛锡福在外埠6个省市开有多家分店，经营时装帽、休闲帽、裘皮帽、针织帽、儿童帽、礼士帽、棒球帽、草帽8个系列3000多个花色品种，产品远销到了美国、德国、奥地利、新加坡、法国、比利时等国家（表7-1）。

表7-1　盛锡福大事记

时　间	事　件
1911年	盛锡福品牌创始
1912年	天津合办盛聚福小帽店
1917年	盛聚福改名为盛锡福
1936年	盛锡福在北京王府井帽店建立
1939年	上海盛锡福店开业
1956年	北京王府井大街盛锡福帽店参加公私合营
20世纪50年代	盛锡福为陈毅、周恩来、刘少奇等制作帽子
2008年	盛锡福商标先后获得认证并被列入国家级非物质文化遗产
2010年	中国首家帽文化博物馆在盛锡福诞生

　　近些年，人们的着装时尚发生巨大变革，帽子不再被视为必须的穿戴品，人们更多地关注头发的美，注重发型的展示，再加上天气普遍转暖，同样，夏天的遮阳伞也替代了帽子，人们戴帽的习惯有所减弱，使帽子的需求量开始趋向下滑。因此，对盛锡福来说，如何在这样的环境中实现突破是当务之急。

二、创始人与品牌寓意

　　1911年，山东掖县人刘锡三创设了天津盛锡福帽厂。一副对联"生意兴隆通四海，财源茂盛达三江"，刘锡三从中取一个"盛"字，接着，用自己学名"锡"字和乳名"来福"中的一字，拼成"盛锡福"招牌，预祝财源茂盛，吉祥之意。

　　据史料记载，刘锡三家中世代务农，幼读诗书。一年家乡受灾，农田歉收，乡里人四处谋生，他也离乡去青岛一家外国人办的饭店里打杂，后又到一家洋行做业务员，负责下乡收购草帽辫。草帽辫是用来制作草帽的，洋行把它收来运到国外制成草帽再返销国内，以获高利。刘锡三聪明过人，颇有心计，在洋行里干了几年，对草帽辫的质量好坏、品种和产地以及草帽的制作工艺等情况了解得一清二楚，于是决心攒钱做自己的买卖。

　　刘锡三办帽厂正值民国元年，人们剪掉清朝遗留的长辫，摘掉瓜皮小帽，需要有新式衣帽替换。刘锡三看准了这股求新求美的潮流风向，不误时机地向社会推销欧美式的"时帽"，并在"时帽"市场一炮打响。刘锡三为了创名牌，防别人仿制冒牌，特向当时政府申请注册"三帽"牌商标（图7-4）。

商标是在盛锡福三个字下面，用草立连成环形，中间三项帽子呈"品"字形，下面是"三帽商标"四个字，从上往下顺着一念，刚好就是"锡三"二字。厂名和商标正合锡三之名。

盛锡福品牌的创立，与刘锡三所处的历史机遇相生相随，与刘锡三的创业精神、创新意识密不可分。盛锡福仿制的巴拿马草帽和英、法、美式呢帽，造型新颖，轻巧美观，一时成为畅销货，盛锡福遂在帽业中脱颖而出。1924～1934年，盛锡福共获得当时各级政府奖状15个，一些社会名流曾为盛锡福题写书额。

图7-4　盛锡福的"三帽"商标

例如，北京盛锡福东四帽店牌匾上的"盛锡福"三个字即为吴佩孚题写（图7-5）。王府井帽店牌匾上的"盛锡福"是1999年时任全国人大常委会副委员长王光英题写。

图7-5　吴佩孚题写的盛锡福的牌匾

上海盛锡福店的牌匾为国民党元老于右任先生手笔。另外，盛锡福原来的商标为"三帽牌"，1972年上海盛锡福重新设计了"雪蝠牌"商标，取"锡福"二字的谐音，以雪花蝙蝠为标记，雪花表示天气冷，需要帽子保暖，蝙蝠表示吉祥如意。

三、品牌故事

1956年北京王府井大街盛锡福帽店参加了公私合营。同年，周恩来总理在视察王府井大街后指示："要保护和发扬老字号的产品特色，更好地为首都人民服务。"并做过指示："要保住盛锡福的特点，组织起来办工厂。"

公私合营后，王府井盛锡福在保持传统做工精细的基础上承担了为国家领导人和外宾服务的任务。曾经为毛泽东、周恩来、刘少奇、陈毅、江泽民以及朝鲜金日成主席、柬埔寨西哈努克亲王夫人等定做过帽子。国内外各界人士慕名到盛锡福购买帽子、定做帽子的更是不计其数。20世纪50年代，盛锡福为陈毅外长出访印度尼西亚做了一顶金丝草帽（图7-6）。20世纪60年代，周总理去莫斯科访问时戴的水獭皮帽即为盛锡福所做。刘少奇主席去莫斯科访问，在盛锡福做了一顶美式圆沿皮帽。乌兰夫、万里等也在盛锡福做过帽子。朝鲜领导人金日成曾在盛锡福做过一顶海龙皮帽，印度尼西亚苏加诺总统做过一顶三羔皮帽。西哈努克亲王夫人莫尼克公主也在盛锡福做过帽子。

图7-6　盛锡福为陈毅外长出访印尼制作的金丝草帽

盛锡福的制帽大师刘书千、李长华先生曾在20世纪50~60年代为毛主席、周总理等国家领导人制帽，如今，由他们培养出来的年轻技师们也已经可以独当一面，使盛锡福传统的制帽工艺得以保留。

第二节　盛锡福——工匠精神与创新

一、老字号与工匠精神

2016年3月，李克强总理在政府工作报告中提到"鼓励企业开展个性化定制、柔性化生产、培育精益求精的工匠精神，增品种、提品质、创品牌"。由此，"工匠精神"成为政府工作报告的新词，也备受社会关注。

2017年，在李克强总理的指示下，我国经济领域广泛开展质量提升行动，加强全面质量管理，健全优胜劣汰质量竞争机制。质量之魂，存于匠心。提出要大力弘扬工匠精神，厚植工匠文化，恪尽职业操守，崇尚精益求精，培育众多"中国工匠"，打造更多享誉世界的"中国品牌"，推动中国经济发展进入质量时代。

所谓工匠精神就是指工匠对自己的产品精雕细琢、精益求精、更完美的精神理念，反映在制造过程中，就是追求卓越的创造精神、精益求精的品质精神、用户至上的服务精神。或者说，工匠精神是每个人对自己的工作和产品精雕细琢、精益求精的精神理念，是一种情怀、一种执着、一份坚守、一份责任。

最能代表"工匠精神"的企业正是老字号企业。一直以来，老字号发扬精益求精的工匠精神，得到了消费者的广泛认可，他们屹立百年仍兴旺的原因主要是正确处理好了传承、创新与发展的关系。同时，随着人们生活水平的提高，消费理念已经从"温饱消费向品质消费"转变。而老字号所具有的上百年甚至数百年的品质和制作经验，正是符合这一消费升级的大潮，可以说老字号迎来了发展的春天。每一个老字号企业要根据自身的实际情况深化改革，这样才能跟得上时代的潮流，在激烈的市场竞争中占有一席之地。

实际上，那些留存久远的国外品牌，之所以获得一代一代消费者的认可与称赞，就是在制作过程中坚持工匠精神，不追求流水线上的数量多少，更注重每一个生产环节的完美和极致，不惜花费大量的时间精力坚持手工制作。

例如，爱马仕（Hermès）创始于1837年，是一家忠于传统手工艺并不断创新的国际化企业，世代相传，以其精湛的工艺技术和源源不断的想象力，成为当代最具艺术魅力的法国高档品牌。爱马仕将传统手工艺和卓越的原材料完美结合。在手袋制作过程中，爱马仕坚持在法国雇佣手工艺匠逐一手工缝制每一个凯莉包（Kelly）和柏金包（Birkin），在制作过程中，每名工匠手头上都有从头到尾做一个包所需的所有配件，包括拉链、锁具、五金件、衬里以及用于滚边的皮绳等。这些工匠一次做三四个同样款式同样颜色的包，里里外外全是手工制作，只有拉链和内袋由机器缝制。爱马仕工坊主管里昂内尔·普吕多姆（Lionel Prudhomme）说："它是一项真正的传统技艺。每当有人问我在爱马仕工作的30年间，有什么发生了变化时，我会回答'什么都没有变化'。人会变动，但工艺不会变。"正是因为手工艺匠人在他们制作的手袋中倾注了满腔感情，所以尽管爱马仕手袋价格不菲，但仍是众人梦寐以求的东西。

创新一词在老字号已有的研究中也多次被提及，创新的内涵非常丰富，即包括产品创新、技术创新以及体制创新等。从老字号的发展历程来看，老字号之所以能传承百年，就其主体而言，在于它有一股内在的旺盛生命力，其生命力就在于创新。

爱马仕创建之初，只是巴黎城中的一家专门为马车制作各种精致配套装饰的马具店。随着汽车等交通工具的出现和发展，马匹被汽车取代，爱马仕及时进行创新转型，但它并没有与自己生产马具的血统完全割裂，而是抓住"马匹虽会被淘汰，但各类交通工具仍有无限商机"的机遇，将品牌定位于上流社会的"尊贵出行"，转为生产皮箱、皮带、手套、丝巾及服装等。目前，爱马仕已拥有箱包、丝巾、领带、男女装和生活艺术品等十七类产品系列。爱马仕创始人的第六代传人皮埃尔－亚历克西·杜马斯（Pierre-Alexis Dumas）在接受记者采访时说："我的工作是使爱马仕强大的创造力延续下去，培养一丝不苟的精神和想象力……让这些价值观发挥影响。"爱马仕在品牌的Logo中保留了马车，暗示该品牌的历史及起家产品，同时并不过分宣扬，而是让当下创新的产品与时尚紧密关联的同时，又与历史保持着一种联系。

因此，在品牌经济和品牌竞争中，老字号要发展，必须在秉承其传统核心价值基础上，适应现代消费者对传统与现代相契合的双重需求，推进老字号向现代品牌的转型。

二、盛锡福的工匠精神

（一）严把产品质量

盛锡福以草帽为主打产品，以草细、有韧性、色泽鲜明、"四平"（帽顶平、帽身平、帽檐平和帽箍平）为特色。"盛锡福"生产的呢制礼帽、皮制三块瓦帽，帽内软外挺，戴着舒服，外形美观。盛锡福在时代的潮流中，抓住机会，拓展市场。在发展中，质量和工艺不容丝毫马虎。

1946年以前，北京盛锡福的帽子都由天津总号工厂供应。总号工厂生产的各种帽子，从进料、生产全过程到出厂检查，道道有人把关，所以每顶帽子的质量都是上等的。1946年后改由自己在北京找小帽作坊加工后，同样要求把住质量关，一顶劣质帽子也不准进柜台。盛锡福用小帽作坊加工产品，采取领料加工，也就是在盛锡福领料，按盛锡福的工艺要求加工。比如，硬胎三块瓦皮帽十分费工费事，如果不按工序制作，生产出的帽子不是戴上不舒服，就是帽胎变形。制作三块瓦皮帽的帽胎，一律使用新棉花，缝制后，要用棕刷往上抹浆糊，而且要把浆糊透进胎里去。抹完浆糊后再放进火箱里烤，出火箱后还要用红烙铁熨，要把帽胎熨熟了。这里说的"熟"，是制帽业的一句行话，就是外观微黄，帽胎既硬挺，又绵软。这样，戴上后不仅舒适，帽子还不会变形。之后用一层豆包布包起，豆包布附上皮面。这还不算完，还要进一次烤箱烘烤。这种制法是天津盛锡福总号的传统制法，小帽作坊必须按此工艺进行（图7–7）。

今天，盛锡福的产品涉及时装帽、针织帽、皮帽、皮革帽、便帽、孩童帽、草帽等品种。皮帽是北京盛锡福的主打产品，也是目前最高档的产品。在北京盛锡福帽业有限责任公司董事长兼总经理李家琪看来，一个品牌是否高端应该指的是产品品质，而不是价格。他说"我们的产品价位高、中、低档都有。有50元的帽子，也有上万元的帽子，但50元的也绝不是次品。"由于盛锡福有自己的加工厂，一些有特殊需求的顾客，比如头型特大、特小或有外伤，甚至特殊需求等，盛锡福都能为其量身定制合适的帽子。为了保持品牌，盛锡福一直以来坚持宁肯返工、作废，也不准劣质产品出厂（图7–8）。

图7–7　北京盛锡福的标识

图7–8　北京王府井盛锡福店内产品陈列

（二）产品的工艺流程

在盛锡福出品的众多帽子产品中，以皮帽最为出名。从盛锡福注册的商标"三帽"中来看，就包括一顶皮制的三块瓦帽，可见皮帽制作支撑着"盛锡福"的半壁江山。

"盛锡福"的皮帽制作工艺在不断地完善过程中形成了一套特有的严格的质量标准体系。

盛锡福加工制作一项皮帽通常都要经过几十道工序处理。从皮毛裁制开始，道道工序都有讲究：配活儿要求毛的倒向要一致，毛的长短粗细密度要一致，毛的颜色软硬要一致；裁制皮毛时如顶刀、人字刀、月牙刀、梯子刀、斜刀、弧形刀、直刀、鱼鳞刀等种种刀法千变万化、应用灵活；缝制时要求顶子圆、吃头均、缝头匀，蒙皮面都要缝对缝、十字平，还有勾扇、翻帽、串口等工序，要求不一而足。

盛锡福皮帽制作工艺流程复杂，每道工序都要求精益求精，其用料之讲究、做工之精细是很多制帽企业难以望其项背的。这项制作工艺是历代的制帽师傅通过对生产经验长期的积累总结得出的技术成果，这些手工工艺具备机械制造无可比拟的优点，使盛锡福皮帽成为外形美观、端雅大方、考究精致并穿戴舒适的帽中精品，曾多次为历届国家领导人制帽，并馈赠国际友人，也深受广大消费者的青睐，成为人们在生活上追求高品质的一种象征。

2008年，"盛锡福皮帽制作技艺"被列为"国家级非物质文化遗产"名列，老职工李金善被授予"国家级非物质文化遗产盛锡福皮帽制作技艺代表性传承人"。能掌握盛锡福皮帽制作工艺的技师屈指可数，曾经成为王府井大街镇街之宝的"盛锡福"海龙皮帽几成绝唱，为了让这项优秀的传统手工艺继续传承下去，必须要予以足够的重视和保护。

如今，盛锡福的皮帽是"盛锡福"产品中机械化程度最低的一个种类，至今还是以手工制作为主，每年的产量仅为三、四千顶，其产量不足总产量的三分之一；大宗商品如时装帽、针织帽、便帽等中低档产品占总产量的三分之二以上，基本依赖机械化生产，工厂设在北京郊区，有的大宗商品（如针织帽）甚至是依靠别的工厂代加工生产，由"盛锡福"监制，采取挂牌销售的方式。

（三）善于学习和创新

盛锡福成立之初，创始人刘锡三凭着自己的胆识与魄力，意识到要想使盛锡福的帽子生意发展壮大，必须要有先进的技术设备。

1919年，盛锡福用巨资买下了西方人运来的一套全部电力制造草帽的机器，设立草帽工厂自产自销，并很快在天津打开了销路。后来，又从国外进口电力制毡帽的设备，并重金聘请了制帽技师，专门从事新样式的设计和严格的质量把关，使盛锡福成为国内制帽业中拥有第一流的先进技术设备的企业。

与此同时，盛锡福还几次派人到日本考察学习，并重金聘请技师，同时也从同业中挖取技术骨干，并千方百计地搜集国内制帽技术中的绝招，掌握最新技术，从而保证盛锡福的帽子生产都有严格的工艺流程和检测手段。

不断学习和创新使盛锡福日益兴旺，相继设立了皮帽工厂、便帽工厂、缎帽工厂、化学漂白厂、毡帽工厂和印刷厂等，并开设了两家分销门市部。到1943年，"盛锡福"帽庄的各式帽子已畅销国内并远销美、英、法、菲律宾、马来西亚、新加坡和泰国等国家。

如今，消费者生活水平不断提高，人们对帽子的需求也不断变化，盛锡福坚持"多品种、多花色、多样式"，不断研发，尝试在帽子上添加点缀和装饰，以增加产品的附加值，提高帽子产品的时尚性。

对于当今人们越来越关注的环保问题，盛锡福在自己的产品生产过程中也非常重视。除了在半机械化生产过程中使用真丝材质和纯棉布料，并且用不含任何化学成分的面浆作为辅料外，盛锡福也在材质的环保性上下大力气，研发以蚕丝为原料的工艺技术，并且采用具有抗紫外线功能的布料来制作帽子，以拓展帽子的新功能。

三、"以文兴商"的品牌文化

盛锡福通过建立博物馆来彰显自身品牌的文化价值，是一种以文兴商的方式。

2008年6月，北京盛锡福帽业有限公司向北京市有关政府部门申请了商业财政专项资金，开始筹建盛锡福博物馆。这是一家通过深入发掘中华冠帽历史文化和百年制帽技艺、盛锡福历史文化，将"物质文化遗产"和"非物质文化遗产"融于一体的公益性帽文化博物馆，于2010年6月8日建成开馆。

这是全国第一家帽业专题博物馆，位于北京东四北大街，建筑风格吸纳了老北京四合院的传统元素，设计独特、结构新颖。全馆共分为五个主题大厅，除展卖厅外，还设有盛锡福发展历史展厅、皮帽制作工作室、民族帽展厅、古代冠帽展厅。在皮帽制作工作室，游客不仅可以"零距离"观赏国家级非物质文化遗产传承人李金善师傅现场展示皮帽制作技艺，还可以欣赏到不同年代、不同质地的帽盒，以及拍板、盔头等各种制帽工具。在民族帽展厅，参观者可以尽情观赏苗族、彝族、塔吉克族等多个少数民族的精美帽子及饰品，充分领略少数民族帽文化的独特风情。在古代冠帽展厅，从汉代皇帝的御冕到清代帝后的冬朝冠，从唐代幞头、进贤冠再到元代笠帽、清代的瓜皮帽，可谓应有尽有，让参观者充分感受到中国帽文化历史的源远流长。除此之外，参观者还可以到博物馆的时尚帽子展卖区参观，为亲朋好友挑选心意独特的帽子作为礼物。

为了便于参观者更好地了解盛锡福和中国帽文化历史，博物馆的每个展厅都设计了与主题馆相符合的展板图片，

图7-9 北京盛锡福博物馆馆内陈列

图7-10　盛锡福博物馆中的产品展示与图片

分为百年老号、落户京城、传承之路、再铸辉煌、冠之源流五个单元，详细记述了百年老号盛锡福自1911年创建至今，所经历的创业、传承与发展的历史，也记录了盛锡福传承、发展独特精湛的中华制帽技艺的事迹，全面地反映了我国近代帽文化的历史轨迹（图7-10）。

通过博物馆里展示产品和品牌的发展历史，从品牌符号学的视角来看，帽子不仅仅是一种商品，而成为具有特殊意义的一种符号，代表的是一种文化。博物馆中有几代制帽技师为国家领导人及国际友人制作的帽子的复制品，国家领导人佩戴过的帽子同样被赋予了特殊的符号意义。这些象征符号彰显了"盛锡福"帽子的文化品位和社会声誉，从而赋予了盛锡福产品文化价值。

中华老字号
China Time-honored Brand

第八章

恒源祥

第一节　恒源祥的历史与发展

一、发展与现状

恒源祥，创立于1927年，是我国老字号企业中发展较好的代表企业之一。近年来，企业通过自主品牌如恒源祥、彩羊、小囡等创造了自己的品牌和文化，逐渐发展成为一个现代化企业集团。

对于普通大众来说，知道恒源祥或许是因为在央视上看到的一则广告，"恒源祥，羊羊羊"这句简洁有力的广告语使人记忆犹新。1997年，中央电视台播放了在澳大利亚草原上14000头羊奔跑的画面以及伴随着的广告词"恒源祥，羊羊羊"，从此，恒源祥被中国的老百姓所熟知。此后，恒源祥的这个广告在央视连续投放15年，使恒源祥成为今日市场经济下品牌经营的代名词。世界营销大师科特勒先生对此给予了高度评价，称赞恒源祥是中国的"可口可乐"。

当前，恒源祥集团产品涵盖绒线、针织、服饰、家纺等大类，旗下有"恒源祥""彩羊""小囡"等品牌。绒线和羊毛衫综合销量名列前茅。作为中国乃至全球羊毛使用量最大的企业，恒源祥年羊毛使用量达10000吨以上，世界上每十只羊的羊毛就有一只供恒源祥使用。

从创立之初的一家毛线商店发展成为一个现代化的企业集团和品牌，恒源祥经过了五次大规模的转型。

（一）第一次转型——从零售走向制造

1935年，作为商店的恒源祥在发展中遇到了诸如洋货垄断市场等很多的阻力。为了寻求突破，创始人沈莱舟与人合资在1935年创办了第一家毛纺厂——裕民毛纺厂，生产地球牌、双洋牌粗细绒线，恒源祥的业务和资本规模得到了迅速拓展。到1949年，恒源祥已经拥有了7家工厂、3家店铺，并在25个行业中参股，成了上海滩赫赫有名的"绒线大王"。

（二）第二次转型——从私营走向国营

1956年，国家公私合营的政策让恒源祥从私营企业转型为国有企业。在计划经济年代，随着恒源祥的产权关系发生重大改变，其业务领域也大幅收缩，从一个涉足毛纺、织布、染整及其他相关联产业的企业，重新成为一家专营毛线的商店。"文化大革命"期间，恒源祥绒线商店改名为大海绒线商店。1978年，恢复恒源祥绒线商店的字号。

（三）第三次转型——从字号走向品牌

恒源祥原本是商店的字号，1987年，恒源祥第二任"掌门人"刘瑞旗出任恒源祥绒线商店总经理。1989年，刘瑞旗注册"恒源祥"成为商标。1991年，恒源祥开始与工厂合作，生产恒源祥品牌的手编毛线并进入市场，很快打开了局面。到1996年，恒源祥已经成为中国乃至世界最大的手编毛线产销企业。1993年，恒源祥绒线商店进入上市公司"万象股份"，1998年，"恒源祥"品牌成为"万象股份"总商标。

（四）第四次转型——从单品走向多品

1998年，在实施品牌进一步的拓展中，恒源祥发现，手编毛线所产生的利润已经无法支撑一个品牌的发展，所以恒源祥开始向家纺、服饰、针织、日化等领域拓展，确立了现代恒源祥集团的产业框架。

（五）第五次转型——从策略走向战略

恒源祥在2001年从上市公司"万象股份"中实施了MBO收购，企业进行了转制。2005年，恒源祥制定了全国化、差异化的发展战略，并明确了从品牌经营策略到文化战略转型的方向。2006年，恒源祥全面启动"文化战略导入"工作；2007年，恒源祥加大第五次转型力度，并确认长期战略目标；2008年，集团根据品牌发展的规律和多年积累的经验，总结出了"品牌价值创造和实现的循环法则"，并在品牌经营活动中加以广泛应用（表8-1）。

表8-1　恒源祥发展大事记

时　间	事　件
1927年	恒源祥诞生

时　间	事　件
1935年	恒源祥第一次转型："从零售到制造"——第一家毛纺厂诞生
1956年	恒源祥第二次转型："从私营到国有"——计划经济下业务平稳发展
1989年	恒源祥注册为商标——为未来品牌发展奠定了坚实的基础
1991年	恒源祥第三次转型："从字号到品牌"——确立"品牌特许战略联盟"经营模式
1998年	恒源祥第四次转型："从单品到多品"——开拓了针织、服饰、家纺、绒线四大产业
1999年	恒源祥品牌获得"中国驰名商标"称号
2001年	恒源祥第五次转型："从策略到战略"——完成管理层收购（MBO），开始现代企业品牌经营之路
2002年、2003年	恒源祥品牌连续两年获得"中国十大公众喜爱商标"称号
2005年	恒源祥成为北京2008年奥运会赞助商，是奥运史上纺织和服装类别唯一一家赞助商
2006年	恒源祥品牌在中国最有价值的100个老字号中位居第二
2007年	由世界品牌实验室发布的中国500最具价值品牌排行榜中，恒源祥品牌位列第64位，品牌价值达94.58亿元
2008年	恒源祥品牌进入"亚洲品牌500强"，位列第336位
2009年	恒源祥被国家发改委、科技部等五部委认定为国家级企业 技术中心
2010年	恒源祥成为中国上海世博会特许生产和零售商
2011年	恒源祥品牌入选"亚洲品牌500强"，位列第268位；同年，集团荣获"中国商标金奖"——"商标运用奖"
2012年	恒源祥集团成为中国奥委会赞助商
	恒源祥集团荣获"中国企业品牌文化管理十佳单位"称号
2014年	恒源祥集团成为2015年上海劳伦斯世界体育奖主办方
	被国家科技部授予"国家火炬计划重点高新技术企业"称号
	恒源祥品牌再次入选"亚洲品牌500强"，位列第127位
2016年	"中华老字号电商百强"排名第一
2017年	国际武联2017年度优秀赞助企业

资料来源：根据恒源祥官网整理http://www.hyx1927.com.

　　转型后的恒源祥从一个传统的地方性企业成为一个具有广泛社会影响力的企业集团。在企业管理模式和品牌营销方面创造了多项纪录，成为中国进入市场经济后最早实施品牌运营的企业（1991年），又是中国最早进行特许经营的企业（1999年）。2001年2月恒源祥（集团）有限公司正式登记注册并宣告成立。

　　目前，恒源祥拥有100余家加盟工厂，500多家加盟经销商以及7000多个加盟销售网点。中国省级市场销售网点覆盖率为100%，地、市级市场网点覆盖率超过94%，县级市场网点覆盖率超过60%。

2011年，恒源祥成立独立的电商公司，发展迅速。2017年，在"2017年在天猫海外成交覆盖国家地区数最多的十大老字号"榜单上，恒源祥以覆盖"188个国家和地区"的强大影响力登上榜首。恒源祥作为覆盖国家和地区数量最多的老字号品牌，受到了全球消费者的喜爱（图8-1）。

随着国家"一带一路"倡议的开展，恒源祥又把眼光瞄向了国际市场，以期让国外消费者领略中华老字号服装品牌的文化魅力。

图8-1 "恒源祥"官网

二、品牌寓意与理念

"恒源祥"品牌的名字出于一副春联，全文是："恒源（罗）百货，源发千祥"，其文化含义非常深刻："恒——恒古长青，恒与天地共存，恒与日月同辉，永恒不灭也；源——自有活水源头来，大海汇百川，财源通四海，永不枯竭也；祥——祥和、祥瑞、吉祥如意也"。

当前，恒源祥旗下的品牌除了恒源祥品牌之外，还包括彩羊品牌和小囡品牌。

彩羊（Fazeya）品牌诞生于2003年初，是恒源祥集团旗下时尚艺术生活品牌。秉承"多元、多彩"的品牌哲学，产品品类涵盖服饰、针织、家纺、汽车用品等众多领域。在品牌理念上，既根植于东方底蕴，又兼具国际视野，强调"中西融贯"；在设计上，运用现代国际简洁设计工艺理念，诠释东方与西方、传统与流行的和谐共融；在风格上，专注于全球色彩文化研究与设计，从色彩艺术中汲取灵感，以丰富的色彩设计与艺术表达作为品牌的独特风格（图8-2）。

2015年上海劳伦斯世界体育奖新闻发布会上所赠的官方礼品，便是彩羊品牌的形象。

图8-2 恒源祥"彩羊"品牌标识

"彩羊"的形象是中国杰出的泥塑艺术大师胡新明创作的，他打造的中国"彩羊"的原型不仅是陕西文化的一绝，更是2003年中国羊年生肖邮票的主图案，是中国一个特殊的文化符号。2015年，在又一个羊年来临之际，恒源祥和上海服装行业协会联合主办彩羊巡展活动。彩羊憨态可掬的形象和丰富的色彩，吸引了很多路人和游客的目光。

"彩羊"形象喜气吉祥，羊角肥大而卷曲，就像"佛八宝"中的法螺，象征着吉祥；身上粉嫩的四瓣花"桂花"，有"富贵"之说；中国彩羊身上的粉红色代表着"和谐"，饱满赤红的前胸代表了生活红火；而国槐绿则是希望和生机的含义。整个彩羊挺胸昂头、健壮活泼，煞是可爱。同时，"彩羊"圆润的外形及丰富的色彩脱胎于开放、包容的唐文化，深受"丝绸之路"时期艺术形式启迪，是东西方文化交融、传承创新的象征。

小囡（NANONAN）品牌是恒源祥集团的婴童产业品牌，产品面向0～14岁的孩子，品牌核心价值是要把"小囡"培养成为植根于东方底蕴，并具有国际视野的孩子。小囡品牌致力于艺术文化领域和慈善事业，1996年6月1日，上海恒源祥好小囡幼儿园成立，后又成立好小囡少儿合唱团、好小囡万能双手俱乐部、好小囡少儿京剧团等艺术团体。该品牌使命是"为了孩子们的笑声"，并以"悦享成长 悦享无限"为品牌理念。

图8-3 恒源祥"小囡"品牌标识

三、品牌故事

（一）广告宣传的前行者

1927年，当沈莱舟创办恒源祥之际，一方面，确定了以批发为主、门售为辅，经营洋杂百货，主要是绒线，以及与绒线相关联的人造丝等业务。另一方面，具有现代商业意识的沈莱舟决定对恒源祥广而告之，并且做得有声有色，吸引了上海人蜂拥而至，使恒源祥成为上海赫赫有名的绒线大王（图8-4）。

图8-4 旧时恒源祥的纸媒广告

1. 利用霓虹灯宣传

20世纪30年代的上海街头到处闪烁着具有时尚、浪漫气息的霓虹灯，沈莱舟看准了蕴含在霓虹灯内的商业价值，在恒源祥新装修的店面里，沿街都是锃亮的大玻璃窗，霓虹灯从一楼装到三楼，极具视觉震撼力。同时，店堂里灯光明亮，全部采用玻璃柜台摆放绒线，绒线的不同颜色，粗细比例，一目了然，既美观也方便顾客挑选。

2. 开启明星代言的时代

沈莱舟可能是中国历史上第一个把影视明星的广告价值跟本土品牌的运营结合起来的人。在上海，很多明星如上官云珠、周璇、白杨、王丹凤、徐玉兰、尹桂芳、童芷苓等都担任过恒源祥编织毛衣的模特或穿过用恒源祥毛线编织的毛衣（图8-5）。当风靡大上海的《夜上海》《天涯歌女》的演唱者，著名电影《马路天使》的女主角周璇要光顾恒源祥，试穿用它的绒线织成的毛衣时，恒源祥的店面就被围得水泄不通。明星效应被沈莱舟娴熟地应用在自己的品牌经营上。

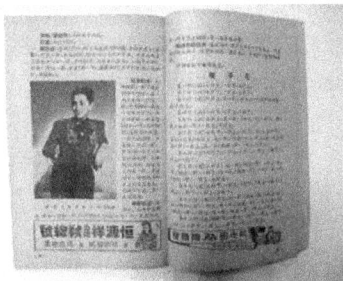

图8-5 电影明星上官云珠给恒源祥当模特

3. 创造宣传的"轰动"效应

1946年，沈莱舟展开了新一轮的广告攻势。用他的话说，就是：所谓生意，就是你要生出新的（主）意来。这一次，沈莱舟在上海各报刊登广告：恒源祥推出"海陆空有奖销售"。奖品分为几个等级，超等级获得者可在上海龙华机场乘飞机到天空中遨游，特等级获得者可乘海轮到宁波玩两天，优等级获得者可坐火车到无锡、苏州玩两天。在当时，坐飞机可是一件极为稀罕的事情，引起轰动。这在上海商界是史无前例的，沈莱舟为了打造恒源祥品牌，将创新精神表现得淋漓尽致，区别于以往传统中国商人的守旧与保守（图8-6）。

图8-6 旧时人们争相抢购恒源祥的产品

4. 培育顾客、美化生活

沈莱舟做生意很会动脑筋，为了使普通人也学会打毛衣、结绒线，还聘请了绒线编织大师鲍国芳、冯秋萍、黄培英等到恒源祥来坐堂，专门教授绒线编织的技法。

当年，在上海家喻户晓的绒线编结艺术家、教育家冯秋萍坐在恒源祥专门安排的绒线室内，那些刚刚买完毛线的顾客们就在她的门前排成了长队。沈莱舟还专门花钱印制《冯秋萍毛衣编织花样与技巧》的小册子，在店堂里免费散发，一直出到了第4本共16

册。这极大地促进了人们的购买和学习欲望，用毛线来编织美化生活在当时的上海极其兴盛，编织服装涉及的品种十分广泛，有马甲、旗袍、风雪大衣、围巾、童鞋和童帽等饰物，甚至人们日用家纺领域也都用毛线编织，由此，形成一股独特风格的绒线服饰时尚，促进了初期恒源祥等绒线厂商的迅猛发展。

据说，抗战胜利后的那年圣诞节，沈莱舟为布置圣诞橱窗征询冯秋萍的意见。冯秋萍认为既要体现抗战胜利的喜庆气氛，也要体现恒源祥是绒线经销商的特色，于是她用绒线刺绣成圣诞老人，圣诞老人的手里拿着绒线，背上背着绒线，一副憨态可掬的样子。这一创意轰动了金陵东路一条街。

恒源祥的现代广告意识，极大地巩固和传播了恒源祥在业界的影响力。在20世纪，沈莱舟以一己之力几乎垄断了上海绒线的生产和销售，成功打造了中国本土商业品牌恒源祥。

（二）中国的"可口可乐"

1991年，恒源祥开始上电视做广告宣传，在中央电视台做5秒标版广告连播3遍。"羊羊羊"一句单调的广告词，"五秒广告"连播三遍的营销方式，也被誉为广告界的"恒源祥现象"。当时用10万元做广告是很大的一个数目，但广告效果很好。在1992年，恒源祥的销售额就达到了300万元，这在当时也是创纪录的数字。用这种与众不同的方法，让消费者记住了恒源祥。

1997年，恒源祥在中央电视台播放在澳大利亚草原上14000头羊奔跑的新广告，这是中国企业第一次走出国门拍广告，使人们熟知的"恒源祥，羊羊羊"有了鲜明的画面感（图8-7）。

图8-7 "羊"是恒源祥广告的主角

当年这个广告中为什么要用14000头羊呢？据说是因为这14000头羊刚刚好是恒源祥一天的用毛量。

恒源祥把品牌广告当作企业不可缺少的成本。世界营销大师科特勒先生给予了高度评价，称恒源祥是中国的"可口可乐"。

第二节　恒源祥——以文化铸就品牌

一、文化是品牌发展的核心

1927年恒源祥创立时，只是一家老字号绒线商店。到2018年，恒源祥已经有91年的历史，成为一家品牌经营的现代服务业的高新技术企业。在品牌发展的过程中，一直坚持的是以文化作为品牌经营的核心竞争力。

1989年，公司正式将"恒源祥"注册为主商标。从1991年起，通过实施品牌战略，恒源祥开创了以品牌经营为特色的发展道路，充分利用恒源祥品牌的无形资产调动和组合社会资源，使恒源祥得到快速发展。90年代，恒源祥作为纺织业的老字号品牌，其标志性的"羊羊羊"宣传语，造就了家喻户晓的知名度，品牌形象牢牢地树立在消费者心中。与此同时，面对纺织业日益激烈的市场竞争，恒源祥不断创新，在拥有较为系统的品牌经营理念基础上，建立了完善的品牌建设体系、企业文化建设与创新体系、丰富的品牌内涵和品牌价值。恒源祥拍摄相关纪录片活动，将品牌文化与羊紧密联系，在纪录片的传播过程中，给消费者传递着恒源祥所倡导的绿色、自然、温情的文化，极大地提高了品牌附加价值。

目前，公司已形成了以恒源祥品牌为核心品牌、包括彩羊（Fazeya）、小囡、来真德毛线、EI.SEINO女装等二十多个品牌所组成、能够满足不同消费层次需求的品牌集群，并从单一的绒线产业延伸到毛针织、服饰和家用纺织品三大产业。成立于1998年的恒源祥服饰公司，主要经营男装、女装和童装以及服饰配件四大类项目，拥有十几家生产工厂及服饰生产流水线设备。它以良好的企业形象和品牌声誉，用无形资产调动有形资产，一直以其良好的企业形象和文化内涵，深受消费者关注与青睐。

同时，恒源祥拥有15家子公司和国家级企业技术中心，通过由100多家特许生产企业和9000多家特许经销商和专卖店组成的产销网络，将恒源祥的产品、服务、理念和文化传递给消费者。绒线、羊毛衫的市场销售持续保持全国首位。近几年，公司先后荣获全国"五一"劳动奖状、"中华老字号"企业、中国名牌产品、中华慈善奖和全国质量奖等多项奖项和荣誉称号。

2017年11月，以"智能制造，文化创新"为主题的恒源祥联合体代表大会在北京举行，未来恒源祥将围绕着"价值""情感""信心""秩序"等关键词展开对品牌在未来发展方向的探索。在未来发展中，恒源祥品牌立足90年深厚的文化积淀及不断探索形成的文化研究成果，不断理解并满足消费者的真实需要，企业公司必将破局而立，品牌也将再次实现跨越式发展。

总之，以文化为中心的品牌是恒源祥最重要的无形资产。多年来，恒源祥从战略和文化入手，构建了科学的品牌培育模式，实施有效的品牌管理体系，通过成立创新的文化转型指导委员会、制定相关制度、组织培训等手段，提升了企业品牌管理的科学化水平，实现了恒源祥品牌资产和品牌影响力的进一步提升。

二、深挖品牌文化内涵，推动品牌文化传播

历经90多年的发展，特别是近二十多年来所实施的以品牌文化为先导的品牌战略，使恒源祥积淀了深厚的文化底蕴。

作为品牌商标标识的"恒源祥"三个字以及家喻户晓的"恒源祥，羊羊羊"的著名广告语，再加上以生产毛绒线起家的产品经营，使人们自然而然地在恒源祥和羊之间建立了品牌联想，因此，塑造和宣传以羊文化为核心的品牌成为恒源祥最主要的传播策略。

1991年，恒源祥首次在上海电视台推出广告，并将当时最短的广告时长15秒分成三次播放，开创了中国5秒广告的先河。

1994年，恒源祥进军中央电视台，并将广告词确定为"恒—源—祥、羊—羊—羊"，沉稳的男声搭配轻快的童声，构成了颇具有冲击力的听觉效果，广告一经中央台播出，立即红遍大江南北。简洁的构思外加五秒三段式广告，被人们称为电视广告中的"恒源祥现象"。

1996年11月，恒源祥远赴澳大利亚拍摄广告，成为最早走出国门拍摄广告的品牌。

1997年新春佳节来临之际，恒源祥"万羊奔腾"广告片在中央电视台播出，令人印象深刻。

2002年，恒源祥集团斥巨资征集中国羊年吉祥物，泥塑彩羊脱颖而出，被众权威媒体评为恒源祥中国羊年吉祥物，同时还被国家邮政总局认定为2003癸未羊年生肖邮票主图案。这只泥塑彩羊也被恒源祥选中，成了恒源祥集团品牌大家庭中的新成员——

彩羊品牌。

2005年12月22日，恒源祥成为北京2008年奥运会赞助商，恒源祥广告词从那天至2005年12月31日，换成了"恒源祥、牛牛牛"，引发热议，进一步加深了消费者对于"恒源祥、羊羊羊"的记忆。

2008年春节，恒源祥在多个卫视推出"十二生肖贺岁形象广告"，"我属鼠，鼠鼠鼠，我属牛，牛牛牛"的"羊羊羊"句式成为全国观众热议的话题，并成为2008年奥运会期间令人难忘的广告之一。

2009年春节，恒源祥推出改版的十二生肖广告，持续加深消费者对"羊羊羊"的声音记忆。

2011年，恒源祥启动新"万羊奔腾"广告项目，通过各国羊毛局的推动，并组合到全球权威资源，通过消费者喜闻乐见的娱乐方式讲述羊毛生产国、消费国的羊毛故事，鲜明地向社会展示出恒源祥倡导的全新的羊毛生活方式。

2012年，恒源祥品牌着力打造羊毛生活方式为主题的国际羊毛嘉年华系列品牌营销活动，拍摄《天乡》纪录片，开启以纪录片形式推广品牌的方式，并利用新媒体开拓社会化营销。

2012年9月，纪录片《天乡》正式首发，全长35分钟的《天乡》具有高精度的画面、人文风格的视角、自然主义的精神，标志着恒源祥打造的"羊毛之旅"正式启航。这是作为恒源祥万羊奔腾项目"羊行天下"系列纪录片中的首部力作。

恒源祥制作这部以草原与羊为主题的纪录片，旨在倡导人与自然和谐相处的氛围，传递绿色环保的生活理念；倡导和谐自然的生活方式，坚持绿色的经营理念。

2017年，恒源祥在基于恒源祥未来品牌文化发展的大背景下，制订了"彩羊可可西里公益推广"三年计划，参与可可西里自然保护区的工作。实际上，2011年，由恒源祥（集团）有限公司对可可西里藏羚羊保护中心进行的第二期投资维修扩建工程全部完工并投入使用。恒源祥可可西里藏羚羊救护中心建成后，野生动物救护成功率达到90%以上。据监测统计，目前可可西里保护区境内藏羚羊数量已达到6万多只。

总之，通过品牌文化的塑造和品牌传播策略的实施，极大提高了恒源祥的品牌价值，并获得了社会各界的广泛赞誉。

三、借助体育营销，情系体育赛事

作为一种营销手段，体育具有沟通受众量大、传播面广和针对性强等特点，因此，体育比赛或体育活动是品牌最好的广告载体，蕴藏着无限商机。今天人们耳熟能详的国际品牌如"可口可乐"等都是通过赞助体育事业，成就了品牌名扬世界的梦想。

有资料表明，美国体育产业的年产值甚至可以占到GDP的2%，而我国的这个指标尚不足0.2%。这虽然说明我国的体育产业发展还很落后，但反过来也预示着我国体育产业的上升空间较大，尤其是对于国内企业来说，体育营销具有广阔的发展潜力和无限商机。

恒源祥从1994年中国足球比赛恢复联赛时起，就一直是中国足球事业的铁杆赞助商。包括赞助甲A联赛以及一些女子、青少年足球赛事，其中1997年、2001年两次赞助中国足球队冲击世界杯，2000年还获得了"中国足球发展贡献奖"。

2003年9月，恒源祥凭借雄厚的实力和超前的经营理念，签下中超第一单——成为中国足协超级联赛的首家签约赞助商。中国足协副主席杨一民感谢恒源祥陪伴中国足球经历了十年风雨，还向集团赠送了"中超赞助商NO.1"的证书。同时，恒源祥还签下杨晨、杨君、杨璞三位国字号球星，拍摄了一集宣传恒源祥品牌的广告，寓意"三阳开泰"，这也是中超球员使用集体肖像权的第一例。

2005年12月22日，恒源祥集团正式成为北京2008年奥运会赞助商，这是奥运会历史上第一家非运动纺织服装类企业赞助商。2008年11月30日，恒源祥又成为中国奥委会的首家合作伙伴。2010年，恒源祥成为上海世博会特许生产、零售商。2012年11月20日，恒源祥继续成为2013~2016中国奥委会赞助商。

北京奥运会期间，恒源祥承担了中国体育代表团礼仪装备、奥组委官员、奥运会技术官员服装的设计、生产任务，同时还承担了奥运村、残奥村和媒体村家用纺织品的生产、服务工作。在时间短、任务重、难度高的困难面前，恒源祥联合体以不可为而为之的精神，成功为奥运会生产了西服、衬衫、裤裙及配饰、床上用品、毛巾、窗帘等，获得了北京奥组委运行团队的高度评价。

自2005年底牵手奥运以来，恒源祥已经陪伴中国体育健儿走过了12个年头，3届奥运会。从2008北京奥运会上的首次亮相，到2012年的英国伦敦，再到2016年的巴西里约，恒源祥已经累计为中国体育代表团提供了超过3万件的礼仪装备（图8-8）。

图8-8 恒源祥与奥运会结缘

2014年，恒源祥正式成为体坛奥斯卡——2015劳伦斯世界体育奖颁奖典礼主办方，这也是首家成为劳伦斯奖主办方的企业。

恒源祥赞助的体育项目和活动还包括："恒源祥杯"全

国击剑冠军总决赛、中国男子篮球职业联赛（CBA）、中国女子篮球职业联赛（WCBA）、第48届世界乒乓球锦标赛、体操世界杯、国际武联赛事等。

国际体育的舞台上，恒源祥展示着自己的品牌文化，寻求更高、更开阔的品牌精神，不断提升品牌的价值。

四、承担社会责任，投入公益慈善

慈善是恒源祥文化的基因之一，恒源祥参与慈善事业可以追溯到1927年创牌起，至今已走过90多年的历史，公益慈善成为恒源祥品牌的品格和基因。

1994年，恒源祥的绒线产量突破了5000吨。那时，董事长刘瑞旗作了一个重大决定：为了使恒源祥的品牌形象获得社会的认可，同时也是为了更好地回报社会，恒源祥每年都会拿出利润的10%用于社会公益事业。由此，永葆一颗慈善之心，结下了与公益慈善事业的深情厚谊。"恒源祥"这三个字不仅代表着美好的寓意，更蕴含着与公益慈善和社会责任的缘分。

主要的项目包括：

"恒爱行动"：由恒源祥与中国儿童少年基金会于2005年联合发起，以帮助中国孤残儿童为目标的公益活动。活动以恒源祥提供的毛线为载体，由各地妇联发动、组织、招募"恒爱行动"爱心父母，以为孤残儿童编织爱心毛衣的形式，展现恒源祥认真履行社会责任、积极创新慈善公益事业的态度和能力。

"恒源祥文学之星"："恒源祥文学之星"中国中学生作文大赛成立于2005年，是由中华全国学生联合会办公室、中国作家协会儿童文学委员会、全国妇联儿童中心等机构共同主办，全国82家中学报刊承办，是一项旨在传承中华文化、弘扬民族精神、提高中学生思想道德水平、文学修养和写作能力的公益性赛事。

"恒源祥·可可西里藏羚羊救护中心"：是由恒源祥于2003年捐资建设的位于青海可可西里自然保护区、海拔超过4700米的世界上最高的野生动物救护基地。可可西里藏羚羊救护中心成了企业参与生态环境和野生动物保护的成功范例。

恒源祥面对不同人群、针对不同需求的公益慈善项目的成功开展，取得的成果及影响力，得到全社会的高度认可。

每一位恒源祥人也身体力行，积极热心地参与各项慈善活动。在"恒爱一日捐"活动上，员工们将一天的工资收入捐给"恒爱行动"，关注弱势群体的健康成长，同时希望社会更多的爱心人士加入"恒爱行动"。

2008、2009、2015年"恒爱行动"三度荣获中国公益慈善领域中的最高政府奖"中华慈善奖"——最具影响力慈善项目奖。

2018年，"恒爱行动"将通过全民参与编织"恒爱"毛衣这一形式和平台，以"一带一路"为纽带，走进俄罗斯、哈萨克斯坦、塔吉克斯坦等国家，加强对国际困难儿童的救助，将此公益项目打造成国际慈善、文化交流的桥梁。

中华老字号
China Time-honored Brand

第九章

老凤祥

第一节 老凤祥的历史与发展

一、历史上的老凤祥

老凤祥，这个遍布在中国各大城市购物中心或街头的珠宝首饰业品牌，是一家距今已经170年的老字号品牌，老凤祥也是当今国内最活跃的老字号品牌之一。

上海是我国早期银楼业的发祥地。明朝末年，当时松江府的日丰金铺是上海银楼最早的雏形。1773年（清乾隆三十八年），上海城内建立了第一家银楼——杨庆和银楼。1796～1821年（清嘉庆年间）银楼业得到了长足的发展。到了1821～1851年（清道光年间），以上海金银首饰同业组织的始创为标志，银楼业出现一派繁华景象。

作为上海老凤祥银楼的前身——凤祥裕记银楼于1848年（清道光二十八年）初创，地处南市大东门（今方浜中路），于1886年（清光绪十二年）迁至南京路望平街，更号为"怡记"。此后曾相继更号为"植记"和"庆记"，于1908年（光绪三十四年）迁址南京东路（南京东路432号），重新恢复"裕记"号。这一旧址一直延续至今，这也是我国留存至今、原店原址历史最为悠久的中华老字号。

1945年以后，银楼业动荡不定，市场开始萧条，大批银楼其中包括老凤祥部分银楼也停业了。1952年1月，老凤祥改为"国营上海金银饰品店"，并于1952年6月正式对外营业。1966年，改名为"上海金属工艺一厂"；1982年，又改名为"上海远东金银饰品厂"；1985年1月，"老凤祥银楼"终于在原址旧店新开，金银业重整旗鼓。1996年，上海老凤祥有限公司成立；2009年，成立了老凤祥股份有限公司。

可以把老凤祥的发展划分以下阶段。

第一阶段：19世纪30年代，是老凤祥的第一个兴盛时期。当时老凤祥能工巧匠制作的产品不断推出，老凤祥每天能销售黄金上千两。老凤祥银楼成为当时上海滩九大银楼之首。

第二阶段：20世纪90年代初期，民营企业盛行，再加上市场化机制的开启，许多国营企业由于激励机制缺乏，运营机制不灵活，不能跟上时代的步伐与时俱进，因此经营状况每况愈下。国际品牌不断进入中国，拓展中国市场，市场份额逐渐加大，再加上不断有新的民营企业创建，导致许多老字号品牌经营困难，开始走下坡路。老凤祥也没能逃脱这次劫难，老品牌受到了前所未有的挑战。

第三阶段：1998年与上海第一铅笔股份有限公司的合并重组中，老凤祥涅槃重生，开启了重铸辉煌的时代。2009年，第一铅笔正式更名为老凤祥股份有限公司。在如今首饰品牌商家数以百计的上海市场，老凤祥占据40%以上的份额。2010年，老凤祥被中国黄金协会授予"中国黄金首饰第一品牌"。

2012年，老凤祥加快海外拓展的步伐。2012年1月，老凤祥珠宝香港有限公司正式成立运营，为海外拓展奠定了坚实基础；2012年8月，老凤祥走出国门，在澳大利亚悉尼开设了第一家海外特许专卖店；2013年10月，老凤祥珠宝美国有限公司成立；2014年12月，老凤祥在美国纽约第五大道的专卖店正式开业；2015年9月，老凤祥加拿大珠宝有限公司和温哥华的银楼开业。2016年9月28日，老凤祥在香港的第六家门店——沙田分店开业（图9-1）。

图9-1　老凤祥在加拿大及中国香港的专卖店（图片来自老凤祥官网）

二、老凤祥的现状

如今，走过了170个春秋的老凤祥，将悠久的历史、深厚的文化底蕴，通过传承与创新，在品牌建设、发展规模、产业结构和产品结构等方面不断突破，已发展成为中国珠宝首饰业的龙头企业，成为中国首饰业的世纪品牌。

目前，老凤祥集科工贸于一体、产供销于一身，拥有完整的产业链、多元化的产品线，拥有3000多个销售网点，多家黄金、珠宝首饰专业加工厂、子公司，东莞生产基地以及研究所、博物馆、典当行、拍卖行等；销售覆盖率达全国的90%以上。在国内取得高速发展的同时，本着"立足上海、覆盖全国、面向世界"的发展方向，老凤祥已走出国门，落户世界顶级商圈，与国际品牌比邻而居。

截止到2017年12月，老凤祥自营银楼169家、连锁银楼1407家、经销网点1531家、香港地区门店10家、海外地区门店3家，总计3120家。2017年老凤祥年销售额近400亿，利润实现两位数增长。

老凤祥品牌多次入围上海百强企业榜、《财富》"中国500强"，"全球100大奢侈品公司排行榜"，连续十多年位列"中国500最具价值品牌"榜单，2017年品牌价值达260.97亿元。2018年，老凤祥再次荣列由国际权威机构WPP（Wire & Plastic Products），评选的"BrandZ 2018最具价值中国品牌100强"，蝉联珠宝首饰业第一（图9-2）。

图9-2 "老凤祥"官方网站形象

三、品牌故事

（一）创始人是谁？

虽然对"老凤祥"银楼创办人是谁的说法有些争议，但大多资料显示浙江慈溪费氏家族应当算是老凤祥的创始人。当时浙江慈溪费氏是名门望族，清朝中期就有费氏在上海开办钱庄，由此，"老凤祥裕记银楼"是以费氏为主与人合股创办的，然后请族人入股打理这样一种普遍的说法。

资料记载，老凤祥经营者费汝明、费祖寿、费诚昌三代人既为"老凤祥"的传人，也是合伙者、经营管理者。几代人以"兢兢业业、励精图治、善于经营"享誉业内，经过费氏家族几代的苦心经营，终于培育出了百年老字号"老凤祥"。

老凤祥的第二代传人费祖寿，字名贤，1889年生于浙江慈溪。1902年，才13岁的他离开家乡来到上海，先在老西门一家银楼当学徒，他虚心好学，迅速成长，26岁便当上了副经理。1919年，30岁的费祖寿接替父业，从70岁的费汝明手上接任老凤祥银楼经理，一直干到1949年。费祖寿接任老凤祥银楼经理后，以"兢兢业业、励精图治、善于经营"享誉业内，成为老凤祥人的楷模。其敬业精神和业务能力得到了同仁的一致好评。

费祖寿在经理的位置上勤于事业，以"千方百计适应顾客心理，并满足其需要"为经营之道，精于产品，诚于服务。应当说这是较早的以客户需求为导向的营销先祖了。并且他还善于产品创新，根据夏天女子短袖露臂的习惯，制作外粗中空的手臂镯供应，秋冬季则以花式细梗的手腕镯任客挑选，顾客定制金脚镯也因人所需，予以满足。尤为突出的是银制礼品，以吉利口彩取悦顾客，如造房礼品大银盾上刻上"金玉满堂"，送出生礼品麒麟上刻"麒麟送子"，送婚礼匾牌、屏风上刻"百年好合"，祝寿礼品银质大寿桃上刻"寿比南山"等吉利口彩，倍受顾客欢迎。由于费祖寿的名字和他所倡导的老凤祥独到的经营思想和服务特色，终使老凤祥银楼傲视群雄，在上海滩赫赫有名。

（二）名门望族的选择

"老凤祥"字号具有深厚的文化底蕴，"老"寓意历史悠久，"凤"本来就是中国传说中的神鸟，是美好的象征，"祥"寓意吉祥如意、幸福美好的生活。

在20世纪30年代，"老凤祥"的金字招牌在上海滩吸足了人们的眼球，"老凤祥"是"成色准足、款式新颖、公道诚信"的代名词，风靡华东地区。不但普通百姓慕名而去，也成了名门望族的选择。

据记载，1931年上海滩大亨杜月笙的家族祠堂落成典礼时，特意向老凤祥定制了中型水缸尺寸的银鼎礼器，如此破纪录的大型的银器，当时上海其他银楼都望而却步，唯独老凤祥接下了这笔生意，成为当时上海银楼行业的一个创举，令同业望尘莫及。由此老凤祥银楼在声势上超越了杨庆和、裘天宝等其他著名的老店，成为上海滩最负盛名的顶级银楼。

20世纪初，上海的一名犹太裔房产大亨哈同的夫人罗迦陵曾到老凤祥银楼定制白玉翡翠镶金烟枪、烟盘；宋美龄、章士钊等名人也都与老凤祥的首饰摆件结下不解之缘。

第二节　老凤祥——品牌营销与创新

老凤祥股份有限公司现任董事长石力华在接受记者的采访时说，"敢想、敢做、敢突破。从2001年我带领老凤祥班子开始，就提出了这七个字。今天，面对全球化的竞争，这七个字将继续引领老凤祥前行。"创新，是老凤祥百年老店的振兴之道。

近年来，老凤祥与高校和研究机构共同研制成功硬足金，解决了足金饰品太软、做工不够精致和无法镶嵌珠宝的难题；引入世界一流3D首饰打印设备，推出深受年轻人欢迎的米奇、米妮等立体迪士尼卡通形象；进军眼镜、腕表等时尚产业领域，打造金饰珠宝眼镜……

正是老凤祥的"敢想、敢做、敢突破"的企业精神，坚持"创新驱动 转型发展"的思路，坚持"创意拉动设计、文化创造价值、技艺引领潮流、品牌营销取得市场"的方针，使老凤祥成为走向全球的中国民族品牌。

一、产品创新，百年品牌焕发青春活力

（一）产品结构的调整

黄金首饰，一直是老凤祥的强项，也是企业安身立命之本。然而，如今的时尚潮流和趋势，已不再把黄金作为唯一的原材料，而是"百花齐放"。铂金、钻石、白玉、翡翠、有色宝石、珍珠……这些材料被使用得越来越多。

在调整产品结构上，老凤祥首先把钻石、钻饰作为重点项目开发；其次，就是翡翠、白玉。同时，老凤祥还与国内外珍珠养殖场进行合作，销售自己品牌的珍珠。由此，老凤祥在业内率先形成从"黄金、铂金、钻石、白银"老四大类首饰，向"白玉、翡翠、珍珠、有色宝石"新四大类首饰产品结构的延伸。

通过这些年的努力，在老凤祥，黄金已不再一家独大。黄金销售的绝对值虽然还在

增长，但比重已降低很多。金、银、铂、钻、翡翠、白玉、珍珠、有色宝石，已经成为企业的主要产品类。

（二）开发具有文化内涵的产品

现在人们的收入高了，生活条件变得越来越好了，对美的审视也提高了不少，为适应顾客消费心理的变化，老凤祥不断推陈出新，吸引消费者。产品品种繁多，大小齐备，产品造型奇巧多姿，工艺完美精致，在销金、铸造、鎏金、纹饰等方面技法纯熟，消费者可购买选择的品种更加丰富。同时，老凤祥珠宝还以翡翠与金饰的完美结合来设计首饰，使铸造的首饰不但有收藏价值，还体现时尚特征。不同材料的结合使用，使饰品具有更广阔的装饰空间，除了可继续制作传统的首饰，还可用于胸针、发卡、饰针、领带夹、袖扣等设计与制作。装饰范围的增加，使得造型也不再局限于传统的装饰纹样，而是更时尚、更个性化的设计，因此，消费群体也不再仅限于中老年人，而是越来越受年轻人的喜爱，具有广阔的市场空间。

老凤祥金镶玉产品颇受消费者欢迎，因为在中国传统文化中，金，是富贵、权力等物质富裕的象征；玉，则象征着人格、品德上的坚守与高尚。所以金与玉镶合，是物质财富与精神财富共得的美好希冀。同时，金玉组合中"金"象征着男性的刚强，"玉"象征着女性的柔美，所以金玉的组合也代表了男人与女人的结合，寓意"金玉良缘"，就如《红楼梦》中贾宝玉和薛宝钗的姻缘被大观园里的众人看作是"金玉良缘"一样，金镶玉也受到年轻情侣们的喜爱。

（三）以产品吸引年轻人

为吸引更多的年轻人，老凤祥推出了小动物造型的吊坠，不但有传统的十二生肖，还有各种立体感十足、造型活泼可爱乖巧的小动物也给人增加了不少灵动气息，勾起人们不少的童年回忆，颇受年轻人的推崇。

2016年4月，老凤祥正式发售了迪士尼主题系列新品，将时尚、年轻、浪漫、梦幻的卡通情节植入更多年轻消费者群体。老凤祥迪士尼主题系列新品材质涵盖黄金、白银、K金、彩色宝石、钻石、珍珠、珐琅和金镶玉等各种材质，产品品类有项链、吊坠、手链、手镯、戒指、耳环、胸针等，种类丰富、款式多样，满足了消费者的不同需求，引领年轻消费者群体的购买潮流。

2017年，老凤祥迪士尼授权升级，黄金系列产品全新上线，主推3D硬足金"米奇"系列，以更多元的产品设计、更亲民的价格，打造2017老凤祥"米奇"年。将品牌植入

图9-3 老凤祥迪士尼系列产品宣传图

更多的年轻、活力和多元化文化元素，赢得年轻消费者的市场，实现品牌年轻化和全球化（图9-3）。

（四）以品牌的影响力不断开发新产品

2017年，老凤祥推出了眼镜和腕表系列产品。

老凤祥眼镜系列的广告语是：老凤祥眼镜非凡"镜"界。因为上海话"镜架"和普通话"境界"，是一个发音。从这可以看出老凤祥销售的是"镜架"，有素金镜架，也有黄金镶嵌钻石与宝石的镶嵌镜架，由此称之为老凤祥"金饰珠宝眼镜"。老凤祥将珠宝技艺中的镂空技术、镶嵌技术等运用到金饰珠宝眼镜，打造体现艺术与品位的老凤祥镜架，部分款式还获得了国家专利。

在老凤祥珠宝眼镜2017春夏跨界首秀发布会上，在嘉宾面前依次亮相的是以"凤之翎"为首的近年来多款老凤祥的明星系列产品，包括：经典系列、凤之翎系列、奢华系列、时尚系列、复古系列、绅士系列以及专利产品——饰镜系列太阳镜等。作为知名珠宝眼镜品牌，老凤祥特别推出的"凤之翎"系列，其镜架设计灵感源于凤凰翩翩起舞的意境，以极细的羽毛图案做出了凹凸有致的立体感，整副镜架看起来就像是凤凰在舞动，华丽高雅、大气时尚，宛若涅槃重生。

图9-4 老凤祥推出钟表新产品

2017年5月15日，老凤祥在上海成立老凤祥钟表有限公司，秉承"百年老凤祥，经典新时尚"的理念，隆重推出腕表系列。老凤祥腕表从选材到加工、从零件组装到成品、再到产品质量检测，每一道工序、每一个环节都将严格考察、严抓质量、确保安全、有序生产、精工细作，以匠人精神打造每一块钟表（图9-4）。

老凤祥钟表广告语是"表里如一"，有金银珠宝表，也有钢表，从一千多元到几万元不等。腕表一经推出，就被看好，在短短几个月时间内，有两百多家店商加盟老凤祥腕表店。

如今，老凤祥已从一个传统的珠宝首饰品牌，逐渐拓展为年轻、时尚、国际化的珠宝和饰品品牌。

二、服务创新，推出定制服务和个性化体验

随着中国珠宝市场的日益成熟和细分市场的出现，顾客的需要和期望是不断变化的，要坚持顾客导向，就要不断地进行服务创新，以新的服务适应顾客新的需要和期望。

（一）老凤祥推出"十大特色服务"项目（图9-5）

老凤祥银楼十大特色服务

黄铂金调换——以旧换新满堂挑选　　　修理出新——专业修理清洗保养

特规定制——特种规格首饰定制　　　　咨询热线——首饰知识电话咨询

售后服务——真诚服务售后无忧　　　　宝石现镶——来钻看样现场镶嵌

代客设计——个性首饰专业设计　　　　来样定制——来样来宝精心定做

宝石检测——检测中心权威鉴定　　　　消费讲座——引导首饰消费潮流

图9-5　老凤祥"十大特色服务"项目

（二）名师高级定制

老凤祥在新的市场需求下，坚持传统服务的同时，求新求异独树一帜，针对需求强烈的高定市场，管理层率先决定针对中国珠宝高端市场，成立中国首家"老凤祥名师高级定制"，集材料、设计、制作、服务于一体，为每一个顾客定制个性化产品和服务。"老凤祥名师高级定制"将引领个性化设计与工匠精神结合的风尚，也是中国珠宝品牌参与国际市场的一种表现力。

2016年，"老凤祥名师高级定制"工作室揭牌，有四位国家级工艺美术大师驻场大师工作室。他们是老凤祥有限公司总工艺师张心一先生、副总工艺师张京羊先生、中国工艺美术大师宋菁女士、中国工艺美术大师陆莲莲女士。另外还有上海工艺美术大师翟建国、黄雯以及诸多上海工艺美术大师和新锐设计师等，他们不仅拥有扎实的国内外珠宝设计和工艺美术系统学习经验，在老凤祥工作岗位上有着30多年的实战经历，而且在国内外多项设计和工艺制作比赛上获得过奖项。大师工作室不仅是面向高端市场的一个窗口，也是大师技艺传承的平台。国家级工艺美术大师的每一件佳作，都体现经典品味

及高端华彩。

"老凤祥名师高级定制"服务有以下几大特点。

特点一：老凤祥设计中心的设计师们，都是技艺精湛的大师，他们在国内外珠宝设计大赛屡获殊荣。大师设计产品具有创新的设计理念，清新的设计风格，为顾客度身定制独一无二的个性化珠宝首饰及工艺品，使顾客获得独特的尊贵的产品和服务。

例如，为迎接"红五月"的到来，特制定了主题设计："珊瑚珠宝"高级定制设计。红珊瑚属于有机宝石，形似鹿角树，有深海灵芝的美誉，生长于距地表 100～2000 米的深海中。其中深红、桃红、粉红等少量品种统称为红珊瑚，与珍珠、琥珀并列为三大有机宝石。在东方佛典中被列为佛教七宝之一，自古即被视为富贵祥瑞之物。由于贵重红珊瑚生长极缓慢，不可再生，而人们的需求日益渐增，使珊瑚更显珍贵。而珊瑚珠宝的逐年流行，也是西方潮流和东方文化碰撞的结果。老凤祥名师高级定制的珊瑚珠宝高贵典雅、充满热情、个性洋溢。

特点二：老凤祥顺应年轻消费者市场需求，特推出个性化定制设计与DIY工艺体验。为手工爱好者提供手工银饰，花丝盘绕，珐琅烧制，创意手链及金银细工入门技艺的体验，并且普及贵金属首饰养护及维修的知识。

特点三：老凤祥将珠宝高科技3D打印技术和传统手工艺结合，为客户量身定制独特风格的首饰以及个性礼品，如人像定制、私人标记的戒指、链坠、手杖，摆件等。消费者在这里可以尝试人像扫描体验，并享受3D人像打印服务。

（三）增强顾客体验

老凤祥时尚珠宝定制体验中心是一家集珠宝设计师原创作品展示、互联网珠宝定制体验、时尚珠宝展示与艺术珠宝定制体验于一体的新型珠宝销售模式门店，是老凤祥战略方向调整的重要里程碑。

2016年12月23日，落户在杭州嘉里中心的老凤祥时尚珠宝定制体验中心正式营业，在开业当天消费者只需带着宝石和故事，就有机会免费获得自己的珠宝设计方案。据老凤祥相关负责人介绍，有别于老凤祥其他门店，老凤祥时尚珠宝定制体验中心融合"时尚珠宝设计师原创作品展示交流""互联网技术珠宝定制体验""珠宝文化交流沙龙""艺术珠宝与时尚珠宝自由定制"四大主题功能与"个性时尚馆""高端珠宝博物馆"两大主题，旨在向消费者提供专业的珠宝设计文化体验与时尚珠宝定制服务，并融入互动体验式科技技术，为每一位消费者设计专属的独一无二的珠宝，让喜爱老凤祥品牌的消费者有了更加多元化的选择，以此实现百年珠宝品牌的又一次华丽转身。

同时，体验中心里还有着完整的设计师团队，可满足个性化风格定制需求；有庞大的宝石款式和材料数据库，提供精准、高效的定制服务；还有顶级高品质珠宝现货展示和品鉴，为珠宝增值收藏的市场需求提供了正规可信的平台。

"互联网技术珠宝定制体验"是老凤祥时尚珠宝定制体验中心里科技含量最高的一个主题功能，运用多重互联网技术让消费者们享受全新的购物体验——通过VR沉浸式场景体验，消费者可以独特视角参与到珠宝首饰的设计制作中去，真切地感受珠宝设计每一笔的意义，近距离体验珠宝制作过程和工艺，感受珠宝定制的独特魅力。

三、工艺创新，大师领衔，技艺精湛

在技术创新方面，老凤祥首先加大技术创新，加快产品结构调整，提高产品科技含量和附加值；其次，注重在传统首饰领域引进新材料、新工艺、新技术；再次，组建公司设计室，形成新产品研发中心。

2004年，由上海市经济委员会首批授牌成立了上海市原创设计大师工作室——上海老凤祥名师设计中心，领衔大师为中国工艺美术大师张心一，首席设计师为中国工艺美术大师张京羊、中国工艺美术大师宋菁、上海工艺美术大师陆莲莲等。他们不但每年都能设计出畅销产品，还会在银楼和旗舰店进行现场指导，为个体消费者量身打造适合的产品，也为企业消费者提供产品设计方案。

2012年，《老凤祥金银细工制作技艺》书籍入选上海市国家级非物质文化遗产名录项目丛书。

目前，老凤祥拥有国家级工艺美术大师7人、市级以上工艺美术大师17人，各类中高级技师87人，是老凤祥品牌的核心竞争力之一。迄今为止，老凤祥的大师们和新锐设计师团队已在国内、国际的专业设计比赛中获得了300多项奖项，一些作品已被国内外知名博物馆收藏。

泥塑、翻模、制壳、焊接、精雕、抬压、扳金、拗丝、雕琢……这些复杂而精巧的中国古代金银制品制作技艺，仍然活在今日上海老凤祥工艺师满手老茧中。

"八仙神葫"是一个用4.4公斤千足金以及翡翠、红宝石等8种宝石制作而成的80厘米高的葫芦，为老凤祥金银细工技艺代表作，是总工艺师张心一与众多高级技师为世间呈现的令人叹绝的华丽璀璨、精巧超凡的工艺品。张心一从小对美术情有独钟，20世纪70年代初从工业中学毕业后，被分配到老凤祥的前身——远东金银饰品厂工作，跟着老师傅学了一手好手艺。随着时代发展，老师傅们先后退休；经济社会的发展带来各种诱惑，同期的师兄弟们纷纷离开这个行业。但张心一耐住了寂寞，悉心磨炼着技艺。1993年，35岁的他成为中国最年轻的"中国工艺美术大师"。

20世纪90年代，老凤祥陷入低谷。2001年，石力华"临危受命"出任老凤祥新掌门人，果断进行改革，建立激励机制，让技艺成为决定个人价值的衡量标准。

对人才的珍视，加上"名师带高徒"式的传承，使老凤祥成为中国珠宝行业人力资源最丰富的企业，焕发出新的青春。今天老凤祥的设计师中不乏80后、90后。陈徐琦是上海老凤祥新锐设计师，在俄罗斯留学时期潜心钻研珐琅艺术，进入老凤祥后，负责独立设计、开发、制作、推广创新首饰。2015年，作为创新首饰组带头人，陈徐琦开始策划老凤祥首饰DIY体验工作室，希望以轻松欢乐的方式让大众更加喜爱老凤祥的"新首饰"和"新时尚"。老凤祥首饰DIY体验室一经推出，就成了潮人、辣妈、萌娃的新时尚聚点。

2016年，在上海国际珠宝展览会上，老凤祥"金枝玉叶幸运星"金镶玉系列新品秉承传统手工技艺之底蕴，将传统手工打造与现代技术相融合，以独特的镶嵌工艺为产品增添美观与品质，时尚典雅、清新自然。

如今，老凤祥还引入了3D打印先进技术，利用高科技来设计产品。过去，在制作一些量产的金银首饰时，都需要通过手工敲制来制作模型，不仅制作周期较长，修改不便，对于制作师傅的技术要求也很高。使用了3D打印技术，不仅工作效率提高了，产品的效果也更好了。不仅如此，3D打印技术的引入还方便了原有产品的进一步衍生，更有助于产品的优化，也为基础产品的个性化定制改造提供了可能性，一经推出就受到了顾客的关注和欢迎。

老凤祥百年工艺的传承以及高科技的使用，造就了老凤祥设计师们海纳百川、追求卓越的创意、创造、创新的精神特质，成为老凤祥高速发展、企业转型升级的动力之源，也奠定了为消费者提供个性化设计与优质服务的雄厚基础。

四、全方位的品牌推广

（一）展会营销

"文化创意"成为老凤祥拓展市场的有力武器：从2006年的"响亮2006——老凤祥情人节浪漫之夜"，2007年6月香港"SMG群星闪耀东方老凤祥之夜——香港回归十周年主题晚会"，到上海外滩几年来的"新年晚会"，"上海电视节"和2013年6月的"第

16届上海国际电影节"……老凤祥的品牌力量和魅力赢得了越来越多人的喜爱。

老凤祥上海国际首饰文化节已经成功举办了16届，每一届老凤祥参展的品牌内涵不同，产品形式不同，这样的品牌推广营销活动不仅扩大了老凤祥知名度并提高了声誉，同时，对于推出首饰设计制作人才，促进产品更新换代，赶超世界首饰潮流也起到了深远意义。另一方面，大量的媒体报道和众业内外人士的参与，也有效地提升了老凤祥品牌形象。

在2017年第16届老凤祥上海国际首饰文化节上，老凤祥国家"非遗"——金银细工作品整套"御用镶宝黄金餐具"被揭开神秘的面纱；老凤祥"凤之"钻饰系列、"趣可"时尚项圈系列首次隆重发布。同时，"中外首饰展""大师作品展""时尚首饰展"等众多文化创意展示活动百鸟齐鸣。老凤祥推出经典、时尚的新成果赢得媒体和观众一致称赞。

2017年6月，老凤祥连续12年参加美国拉斯维加斯国际珠宝展览会（JCK Las Vegas）展。拉斯维加斯国际珠宝展览会始于1991年，是全球珠宝行业展览会不能错过的三大盛事之一，是影响最广泛的珠宝业盛会。2017年展会规模已达到近6万平方米，参展商2455多家，来自世界40多个国家和地区，专业观众达到23000人，来自100多个国家地区。

作为国际知名的珠宝专业展览，美国拉斯维加斯国际珠宝展览会汇集了国际知名的珠宝品牌，并吸引着世界各地的专业买家光临，成为珠宝商拓展国际业务、树立品牌形象以及寻求国际合作的绝佳平台。早在2006年，老凤祥就带着"让老凤祥走向世界，让世界知道老凤祥"的愿景参展，几年来，每年都有所收获。"老凤祥"是中国大陆唯一的参展品牌，代表的是中国珠宝行业形象。在经过多次的参展之后，拉斯维加斯国际珠宝展已经成为老凤祥引领民族品牌走向国际舞台的桥梁。

（二）事件营销

为了开展品牌推广活动，老凤祥抓住国家的一些重大事件作为发展契机。1983年，老凤祥为奥委会打造了一个印制勋章，当成品到达萨马兰奇手中后，他被老凤祥的设计及工艺所迷倒，忍不住称赞。1997年，上海市政府采用老凤祥设计生产的集传统工艺和现代科学技术于一身的艺术品送给香港用于祝贺香港回归。2001年10月，APEC会议在上海举行，细心的人会注意到首脑夫人身上有一枚美丽的胸针，这枚胸针就是老凤祥为这次会议悉心制作的送给贵宾的礼品。

（三）代言人宣传

老凤祥代言人是在全球华人社会有着广泛的知名度并被誉为古典第一美女的著名演员赵雅芝。她传奇的演艺旅程，参与多部轰动时代之作，角色从民国女性演到侠女仙子，更以在《上海滩》中精湛的演技风靡亚洲。1992年《新白娘子传奇》掀起举国观看热潮，她凭此再创事业高峰，更因一系列经典角色荣膺"表演艺术家"称号。她台风清丽脱俗，是典型的大青衣，亦是无数观众心中的女神。

2008年，老凤祥邀赵雅芝为品牌代言人。赵雅芝的个人形象、气质、知名度、美誉度，再加上赵雅芝所演绎角色的"上海情缘"以及其个人的阅历和年龄等各方面与"老凤祥"这个百年品牌非常匹配，其个人形象高贵、典雅、大方、柔美很好地展现了老凤祥的品牌形象（图9-6）。

图9-6　老凤祥品牌代言人——赵雅芝

2014年，央视电影频道（CCTV6）播出了由老凤祥代言人赵雅芝拍摄的"老凤祥传奇"广告片，在消费者中引起广泛关注。此广告片每天分8个时段循环播出，片中展示了老凤祥有色宝石、珍珠、翡翠、黄金、钻饰，向消费者呈现了不同风格的老凤祥饰品。与此同时，央视播出广告后品牌效应更加凸显，推动了老凤祥产品销售额的上升。

第三节　品牌发展前景与建议

一、我国珠宝首饰的市场情况

中国是世界上最重要的珠宝首饰生产国和消费国之一。随着中国经济的发展、人民消费水平的提高，珠宝首饰正在成为继住房、汽车之后中国居民的又一消费热点。其中，中国黄金市场自2002年实行市场化改革以来一直保持较快发展的势头。近几年中国国内黄金消费量如图9-7所示。

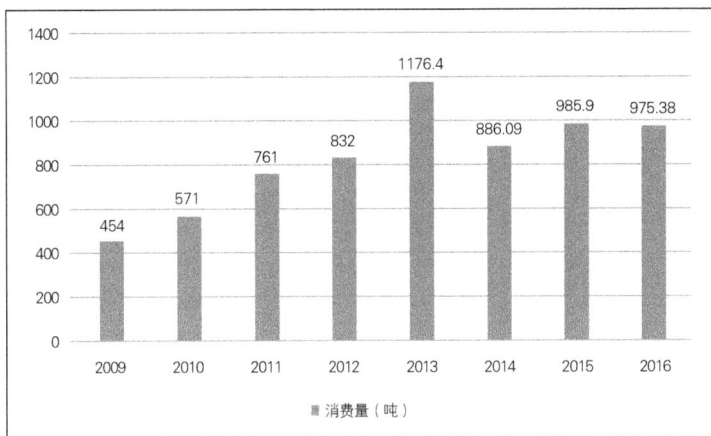

图9-7　2009～2016年国内黄金消费量

资料来源：公开资料、智研咨询整理http://www.chyxx.com/industry/201705/523599.html.

　　中国黄金首饰市场在近年来得到了快速发展，一方面，随着市场开放及生活水平提高，国人对首饰的需求不断增长；另一方面，全球性的金融危机提升了人们的避险意识，黄金的保值功能重获关注，成为消费者购买金饰的另一个考虑因素。

　　随着黄金首饰的设计和工艺不断推陈出新，黄金饰品的产品风格不再局限传统的端庄大气，兼具古典与现代气质的黄金饰品得到了越来越多中国消费者的青睐。

　　根据统计，我国珠宝玉石首饰行业规模从2009年的2,200亿元增长到2015年的5,000亿元以上，成为全球珠宝玉石首饰行业增长最为明显的国家之一。目前我国已成为仅次于美国的世界第二大珠宝首饰市场，一些重要珠宝产品的消费已居世界前列。

　　目前珠宝首饰的消费需求正朝着个性化、多样化方向发展。珠宝企业通过深度挖掘特定群体的消费偏好，力图在某一细分领域形成竞争优势。中国珠宝首饰行业已经呈现出差异化竞争局面。随着卡地亚（Cartier）、蒂凡尼（Tiffany）等国外品牌进入中国市场，国内珠宝市场竞争日益激烈。

　　因产品的目标消费群体定位不同，全球珠宝零售企业可以分为国际知名品牌、全国性品牌和区域性品牌。目前国内高端市场，主要被蒂凡尼、卡地亚、宝格丽等国际珠宝巨头垄断。占据市场主要份额的中端市场的全国性品牌主要是以周大福、周生生等为代表的传统港资品牌和以老凤祥、明牌珠宝、潮宏基、周大生等为代表的内地全国性品牌。除此之外，北京的菜百、浙江的曼卡龙等区域性品牌凭借其在特定区域的渠道优势和品牌沉淀，成为区域市场的强势品牌，并得以在此基础之上，快速扩张，辐射周边地区（表9-1）。

表9-1　我国主要珠宝首饰零售商

品　牌	公司名称	主要业务模式
国际知名品牌	卡地亚	自营
	蒂凡尼	
	宝格丽	
港资品牌	周大福	自营、加盟
	周生生	自营
	谢瑞麟	自营
	六福珠宝	自营、加盟
内地全国品牌	老凤祥	经销、加盟、自营
	明牌珠宝	经销、加盟、自营
	潮宏基	自营、加盟
	爱迪尔	加盟、经销
	通灵珠宝	自营、加盟
	周大生	加盟、自营
区域性品牌	北京菜百	自营
	曼卡龙	自营、加盟

资料来源：http://www.chyxx.com/industry/201705/523599.html.

在市场竞争下珠宝老字号的情况也不容乐观。比如，始创于19世纪初的懋隆品牌，是京城最早专营珠宝首饰的老字号之一，主要向当时的驻华使节和来华外国人销售珠宝首饰、古玉珍玩等中国工艺品。"懋隆"二字由马可·波罗（Marco Polo）名字的译音而来，同时又取中国传统商业祝词"懋盛昌隆"之意。曾经"懋隆"这一有着深厚文化内涵和悠久历史渊源的老字号蜚声海内外。但如今，对于大多数消费者来说，对懋隆品牌并不熟悉。再如，辽宁沈阳的萃华金店，创立于1895年，素有"关东珠宝第一店"之称（图9-8），但如何突破区域性品牌的限制，提高市场竞争力，成为全国性的珠宝品牌也是任重道远。

二、老凤祥发展建议

"牌子老，款式新，工艺精，信誉好"是消费者对老凤祥品牌的共识。而这一切，来源于老凤祥不断创新的经营理念、严格的质量管理体系、精湛的工艺和完善的特色服务等。民间广为流传的"老凤祥首饰，三代人的青睐"

图9-8 创立于1895年的沈阳萃华金店

正反映出了消费者对这一著名首饰品牌的钟爱。

目前为止，老凤祥主要是靠实体店铺运营来进行品牌的销售，且加盟商所占比例较高。珠宝品牌的自营模式和加盟模式各有优劣。自营模式对企业的资金实力和渠道管理能力要求较高，包括员工管理、市场营销、新开店铺、渠道拓展以及库存控制等，如国际高端珠宝品牌卡地亚、蒂凡尼和宝格丽都是自营模式；加盟模式主要优点是有利于品牌的迅速扩张、获取市场份额，但不足之处是对加盟商的管理和品牌维护能力要求较高，无论在商店里装饰、包装或品牌活动策划、利用新媒体推广方面较大部分企业与自营相比仍有较大的差距（表9-2）。

表9-2 国内部分珠宝企业自营和加盟的情况

公 司	自 营	加盟/经销
潮宏基（截至2016年6月末）	718家	
明牌珠宝（截至2016年末）	超过900家	
萃华珠宝（截至2016年6月末）	16家	395家
老凤祥（截至2016年6月末）	178家	2808家
爱迪尔（截至2016年末）	5家	400余家
通灵珠宝（截至2016年末）	292家	286家
周大生（截至2016年6月末）	294家	1994家

资料来源：http://www.chyxx.com/industry/201705/523599.html.

随着网络技术的不断发展，电子商务是珠宝首饰类产品销售的大势所趋，不但可以使企业获得利润，而且可以据此改善品牌形象，改变原有的陈旧的品牌形象来适应如今快速发展的市场需求。

另外，可以通过新媒体进行品牌传播。目前，企业在互联网和固定俱乐部区域可供消费者留言，或通过供加盟商交流以及珠宝行业信息交流等提供各种客户服务。在新媒体发展的背景下，老凤祥可以开通官方微博、微信等公众平台，为消费者提供公司及产品信息，让消费者能够及时掌握老凤祥的最新动态。在微博、微信等公众平台发表新品信息和产品促销信息，这样，既可以推广公司产品又可以节约广告费用。与此同时，这种公众平台互动性强，通过公众平台与消费者沟通，掌握消费者以及客户的意见，从而提升自己的服务，拉近和消费者之间的关系，也可以根据消费者对于产品的想法和喜好来改进或者是开发新产品。也可以从中发现商机，促进公司的发展。而且，这种方法时效性强，老凤祥可以将本公司的产品图文结合在公众平台上发布，让消费者第一时间了解公司的最新消息，感受企业文化，提高本公司的知名度，赢得消费者的好感。此外，视频网站的广告投放也是必不可少的，老凤祥可以结合消费者访问互联网习惯，比如选择爱奇艺、搜狐、优酷等视频网站的广告投放，改变以往只是依赖平面广告的媒体策略。

中华老字号
China Time-honored Brand

第十章

百雀羚

第一节　百雀羚的前世今生

一、品牌发展历程

1931年，创始人顾植民在上海创立富贝康化妆品有限公司，推出"百雀羚"品牌。

最初，公司只生产花露水、胭脂、香粉。1940年，公司推出百雀羚冷霜，这款冷霜凭借极强的滋润性和浓郁的香气，备受那时上海滩名媛青睐，百雀羚由此声名大噪。当时，在中外各种化妆品争奇斗艳的互相比拼中，百雀羚成了名媛贵妇的首选，成为上海各大商店化妆品柜台的时尚畅销货（图10-1）。

"打开绘满五彩小鸟的深蓝铁盒，揭开锡纸，用食指蘸一撮儿乳白色凝脂在脸颊涂抹开来，浓浓的香气弥漫而来……"这是经典国产护肤品牌百雀羚给那个时代人们留下的美好记忆（图10-2）。

图10-1　旧时百雀羚受到社会名媛的喜爱

图10-2　百雀羚传统的蓝色小铁盒包装

1956年，百雀羚进行了公私合营，成为公私合营富贝康日用化学工业公司。1962年，完成公私合营的富贝康日用化学工业公司改名为"上海日用化学品二厂"，"百雀羚"成为日化二厂旗下一个品牌。

1978年，百雀羚旗下的"凤凰"品牌诞生。其一方面将中国的传统医学与先进的科技相结合，开创了国内首个营养系列化妆品；另一方面也彻底改变了当时化妆品的单一功能，转而引入一种全面"护理、滋养"的生活理念。"凤凰高级胎盘膏"曾创下了单个产品年销售额超过一亿元的辉煌业绩。凤凰牌美容护肤品系列也因此荣获国家多个奖项和称号，凤凰产品系列风靡全国。

改革开放后，"百雀羚"和其他国货老品牌一样迎来了引资和改制的机遇。1990年先后引入英国联合利华、德国巴尔斯多夫并建立了合资公司，生产"旁氏"及"妮维雅"品牌产品。

2000年改制成功，上海百雀羚日用化学有限公司成立，引入产业资本及专业团队，开启了"百雀羚"的品牌转型之路。

随着百雀羚产品和技术不断升级，止痒润肤露、凡士林霜、甘油一号等明星产品开始畅销。特别是2004年，百雀羚进行了一场全国范围内的市场调研，并开始进行新品研发，推出凡士林保湿润肤霜，深受消费者好评。2008年，百雀羚全面塑造新形象，推出草本精粹护肤系列，通过扩充产品线的方式来调整产品定位，初步建立年轻化的品牌形象。

2010年，百雀羚全面进入电商渠道，开始频繁的营销活动。此后，在品牌定位、产品研发、品牌推广方面的系列策略为百雀羚打开新的篇章。

据欧睿咨询数据显示：百雀羚在我国化妆品上的市场份额已从2010年0.2%上升至2015年3.2%，仅次于玫琳凯、欧莱雅、玉兰油三大外资品牌，位居行业第四。

2016财年单品零售138亿元跃升销售额最大国产护肤品牌，而且创造了1.45亿单日销售最高纪录，蝉联2016年天猫"双11"美妆类销量第一。

2017年，百雀羚以2.94亿元的交易额成功卫冕天猫"双11"全球狂欢节美妆NO.1，成功获得"三连冠"。

百雀羚悠久的历史，承载着辉煌的业绩，成就了百雀羚品质如金的美誉。品牌曾多次被评为"上海著名商标"，并获"中国驰名商标"等称号。更难得的是，百雀羚不沉醉于"经典国货"的品牌资历，频繁与年轻人"互动"实现品牌创新，更通过电商和数字化传播手段重塑品牌形象，拉近与年轻一代消费群体的距离，成为国货回潮的代表，成为日化国货复兴的标杆品牌之一，也成为老字号品牌重塑成功的代表品牌。

二、品牌名称与品牌标志

品牌的名称和标志是一个品牌文化的最直接表现，也是消费者对品牌认知的重要媒介（图10-3）。

品牌名称"百雀羚"好听、响亮、易记，同时，寓意百鸟朝凤、灵巧可爱，流淌着一股优雅的诗意。

百雀羚的标志设计为蓝白色的隶书"百雀羚"，将隶书的古朴典雅、方圆相济的美展现得淋漓尽致。蓝白色的色调容易形成视觉冲击，引起消费者对美白肌肤的憧憬和联想，引发消费者的购买动机。

品牌标识中的英文"PEHCHAOLIN"虚实地排布在一个绿色的方形中，象征着小鸟自由地跳动，被两片叶子部分遮盖，象征着绿色、草本、安全的企业理念，也寓意企业的生命不息，充满生机和希望。这种继承和发展式的Logo设计，既保留了消费者过目不忘的百雀羚的老印象，又能够与消费者审美、市场环境、社会环境的变化而发生联系（图10-4）。

图10-3　百雀羚的新包装

图10-4　百雀羚品牌标识

三、品牌创始人

百雀羚的创始人顾植民（1903～1956年），浙江嘉定黄渡人，民国时期化妆品行业最早的民族企业家之一。

少年时的顾植民闯荡上海滩，从小伙计、店员做起，在当时上海著名的"四大百货公司"之一的先施百货工作。后来，头脑灵活的顾植民很快得到老板马应彪的赏识，专门负责先施百货化妆品的销售工作。当时，国产化妆品品牌和国际化妆品品牌在上海滩大打商战，例如，国产代表"广生行"和国际代表"夏士莲"经常在报纸上轮番打擂。在化妆品行业工作几年之后，顾植民对化妆品原料的进货渠道了然于胸，对各种制造工艺也非常熟悉，据说，他还练就了一个异常灵敏的鼻子，几乎到了能够闻香辨物的境界。

1931年，顾植民从先施百货辞职，在上海的一个弄堂创办富贝康化妆品有限公司。创业初期，精明的顾植民即深知人才的重要性。他花重金挖来一名技术工人，连同两三名操作工人、包装工人，组成了这个如同小作坊的新公司。刚开始，顾植民只能生产一些花露水和胭脂。慢慢地，逐渐又增加了香水、香粉等产品。从生产第一道关，到最后的包装和装箱，顾植民都会亲自到车间里参与生产。

产品生产出来之后，由于知名度不高，产品销量一般，顾植民想到加大宣传的策略。

首先是确立品牌。一个流传很广的故事是，顾植民偶遇一个瞎子，请他算一算，自己的化妆品牌叫什么名字好。瞎子掐指一算，提议"百雀羚"。"百雀"意为"百鸟朝凤"，"羚"和上海话"灵"谐音。另外一种说法则是，"百雀羚"是对屋檐下飞来飞去的普通小鸟的称呼，以此取名，更显亲民。果然，"百雀羚"的名字读来朗朗上口，很快受到市民欢迎。随后，顾植民不仅在报纸、墙体上做广告，更是带着技术工直接走进电台直播间，给全城百姓讲解"百雀羚"的工艺特点，市场被逐步打开。

1937年，上海沦陷。大量的民族资本家将产业撤往后方，留在上海的在日寇的打压下，更是举步维艰。而"百雀羚"恰恰因为规模小，没有遭到太多打击，其"百雀羚冷霜"产品就在这个时期正式推出。这款防冻防裂、滋润皮肤的护肤香脂，因其取自天然的原料，在竞争激烈的化妆品市场一炮打响（图10-5）。

1945年，抗日战争取得胜利，上海经济迎来新的生机，化妆品品牌逐渐多了起来。有碟霜化妆品、双妹化妆品、三塔牌化妆品、先施化妆品、三星牌化妆品、蛤蜊油等。顾植民借势而上，他大刀阔斧地对生产设备作了较大的改进，机械搅拌替代了人工搅拌，冷霜的制作工艺也基本实现了机械化生产。到新中国成立前，"百雀羚"的产品已遍布全国，甚至远销到东南亚各国。

抗战胜利后的几年里，上海物资匮乏，物美

图10-5 强调产品功效的旧时百雀羚广告

图10-6 展现"东方之美"的百雀羚广告

价廉的"百雀羚"成了城中名媛贵妇的首选，著名影星胡蝶、周璇等都是"百雀羚"的拥护者，"百雀羚"逐渐取代德国的"妮维雅"，成为国内化妆品的第一品牌（图10-6）。

随着"百雀羚"逐渐打开国外市场，顾植民成为上海滩颇具名望的民族资本家代表之一。1956年，顾植民因病去世，百雀羚品牌进入另一个发展时期。

第二节　品牌重塑之路

一、品牌重塑的概念

品牌塑造（Brand Building），是指给品牌以某种定位并为此付诸行动的过程或活动。对一个品牌来说，品牌塑造是一个系统长期的工程，品牌知名度、美誉度和忠诚度是品牌塑造的核心内容。

品牌重塑（Brand Rebuilding），顾名思义是指品牌的再塑造，是指改变品牌在人们心中的旧形象，通过重新定位目标消费群体、提高产品质量和服务、运用品牌营销等手段，重新推广品牌形象、提高品牌知名度进而逐步产生品牌号召力，形成品牌效应和品牌核心价值的过程和活动。

在漫长的历史发展中，品牌的发展也伴随着一代人的成长。老字号往往在人们心中占有特别的情感位置，人们更容易在心理上与老字号产生情感共鸣，建立老品牌与特定群体的独特关系。但随着社会的发展和消费者需求的改变，如果老字号不进行创新，仍旧以原来的老形象出现，会被认为老品牌是不够时尚和流行的，甚至还会被年轻群体认为是落后的，是代表着落伍的过去一代。因此，重新审视原有的品牌形象，焕发老字号的青春，激发"老字号"新活力，重新对老字号进行品牌定位、品牌形象设计、品牌管理成为必要。

二、品牌重塑在营销中的重要性

在市场营销中，许多品牌通过品牌重塑策略获得消费者的认可，并推动了品牌进入一个新的发展阶段。

1. 鄂尔多斯的品牌重塑

以"鄂尔多斯羊绒衫，温暖全世界"而被人们熟悉的"国民品牌"鄂尔多斯，创建于1981年，经过30多年的发展，已成为当今世界产销规模最大、产业体系最为完善、营销网络最为成熟、技术装备最为先进的羊绒行业领军企业，羊绒制品年产销能力达1000万件以上，市场份额占中国的40%和世界的30%。但在有的消费者的认知中，认为鄂尔多斯产品虽然经典但却是保守的，尤其是年轻消费群体对此品牌的接受度较低。

2015年年底，鄂尔多斯羊绒集团的管理团队开始了一轮又一轮艰苦的品牌转型和重塑的探索。鄂尔多斯下大力气进行了规模大、力度深、成本高的一场服装市场调研，遍布全国30多个主力城市，获取5000多位消费者的深度调查报告。并与麦肯锡公司合作，邀请行业专家、国外品牌转型研究机构，开展了无数次的头脑风暴会。最后，通过运用聚类分析等科学方法，解读广大消费者的态度和行为，并从市场发展趋势出发，对整个消费市场进行细分研究，以对各类细分客群的羊绒服装需求进行全方位的延展覆盖，将旗下原有品牌进行拆分，形成了4个差异化定位、面向不同消费群体的品牌。

1436——代表极致羊绒的无可争议的世界级奢侈品牌。

ERDOS——代表中国中产阶级品质人群的时尚化、国际化品牌。

鄂尔多斯1980——为中国广大成熟品质客群打造的专属品牌。

BLUE ERDOS——为年轻有态度的消费者推出的高性价比品牌。

经过品牌重塑后的鄂尔多斯通过四个差异化定位的品牌，服务于不同的细分市场，实现对中国的主力消费市场既广泛又精准的覆盖。基于四个品牌的策略和市场定位的不同，鄂尔多斯又对全国渠道进行动态的优化和匹配，细化制定每个品牌的渠道策略和规划，快速完成了全国渠道体系的重塑。通过品牌重塑打造了成为新时代的"羊绒大王"，鄂尔多斯品牌不仅缔造出经典，更是焕发了时尚新活力。

2. 万宝路的品牌重塑

1954年始创的万宝路香烟的牛仔形象，现在已成为无与伦比、举世公认的卓越品牌形象。

然而鲜为人知的是，万宝路香烟最早推向市场时，其目标消费者是女性，使用了"像五月天气一样温和"的广告口号。但事与愿违，尽管当年美国吸烟的人数逐年上升，但万宝路一直销量平平。妇女们抱怨白色的烟嘴常会染上鲜红的唇膏，红点斑斑，很不雅观。后来虽然把烟嘴换成红色，然而销路依然不佳。

于是，菲利普·莫里斯公司决定对万宝路香烟进行全新的品牌塑造。

经过周密的市场调查和创造性的构想后，他们大胆提出：让人们忘掉这个带脂粉香艳的女子香烟，而用同一万宝路牌子创出具有男子汉气概的香烟来。科学严密的改造万宝路香烟形象的计划产生了：产品品质保持不变；包装采用当时首创的平开式盒盖新技术，并用象征力量的红色作为外盒的主要色彩；万宝路的广告不再以妇女为主要对象，而是硬铮铮的男子汉，要在广告中强调香烟的男子汉气概。

广告的主角人物形象开始选用马车夫、潜水员、农夫等，但最后选定理想中的男子汉集中到美国牛仔这个形象上：一个目光深沉、皮肤粗糙、浑身散发着粗犷、豪迈英雄气概的男子汉；他的袖管高高卷起，露出多毛的手臂；手指中总是夹着冉冉冒烟的万宝路香烟。而万宝路的广告中表现出这样的画面：一个或几个美国西部牛仔骑着骏马，潇洒地奔驰于绿地、河流和山野之间。整个广告给消费者的形象是奔放、粗犷、刚强、奋斗的牛仔形象。这种牛仔是自我奋斗、开拓事业的刚强男子汉的化身，是美国精神的代表。

万宝路新形象问世后，引起了消费者的极大兴趣，其销量也奇迹般地在一年后提高了整整三倍，并一跃成为世界品牌香烟。在其60多年发展中，万宝路投入了数十亿美元广告费，并保持了宣传中的统一形象、风格和文化内涵，终于在消费者心目中树起"哪儿有男性，哪儿就有万宝路"的品牌形象。

三、百雀羚品牌重塑的条件

（一）环境与机会

中国经济的高速发展，再加上中国是人口大国，为化妆品市场提供了良好的外部环境，使得中国市场成为品牌都想奋力一搏的战场。国有品牌和外资品牌因巨大的市场容量而得以更好地发展。随着人民生活水平的普遍提高，其消费能力也随之提高。同时，科学技术的发展使化妆品的质量更加有所保障，迎合目标消费者的效果也越来越好。而且，消费者越来越理性，不盲目追求国际品牌，这给本土化妆品品牌带来了很好的机会。

因此，国内本土品牌迎来了新的机遇，而外资品牌在国内发展却遭遇瓶颈期，能够被消费者认可的本土品牌更加能得到消费者的忠诚度，可以创造出更高的利润，产生更大的产品附加值。在竞争中，有的本土品牌推出了中高端产品线，与国外的外资品牌进行抗衡,而国内新兴品牌也不断地进行市场细分,灵活地运用各种营销策略抢占市场份额。

对百雀羚来说,由于消费者对化妆品的消费理念发生了改变,消费者开始喜欢清新自然的化妆品。而自然草本护肤的概念正是中华博大精深的文化中的一部分,也是百雀羚品牌的核心竞争力量,草本护肤领域有很大的开发空间。

(二)市场分析

20世纪90年代,外资品牌强势进入我国之后,本土化妆品牌几乎全部沦陷,而曾经辉煌的老国货如"谢馥春""孔凤春""双妹"等被贴上"老化""低价"等标签,逐渐被排挤到主流销售渠道之外。

一段时间以来,引领国内化妆品市场的全部是外资品牌,以欧美品牌占据主流,兰蔻、雅诗兰黛、迪奥、香奈儿成为我国高档化妆品的领头羊,欧莱雅、联合利华、宝洁等普通化妆品有较大的市场占有率。近些年来,因为韩流与日系化妆品不断涌入中国市场,也成为一股生力军,不仅与欧美品牌抗衡,同时也冲击着本土化妆品牌。

2000年之前,百雀羚在市场夹缝中生长,虽然也不断地开发出护肤品、护发素等产品线,但在市场上难觅踪迹。主要原因有:第一,由于上海百雀羚是一个老字号品牌,而且百雀羚原有的顾客群体老龄化严重,百雀羚本身又没有迎合年轻人做出一些举动,所以很多年轻人都没有听说过。同时,很少投入广告的百雀羚就更难以被大家所熟知。在这样的市场状态下,百雀羚品牌形象比较模糊,缺乏准确的定位。第二,百雀羚渠道不畅通,除了之前依赖的日化流通渠道近年来逐步衰退外,百雀羚在商超渠道也被边缘化,不断涌现的新品牌将百雀羚挤走;同时,由于百雀羚的销售渠道单一,管理不严格,在三四线城市出现窜货的情况也屡见不鲜,造成了内部竞争。第三,百雀羚产品中低端定位,使品牌的毛利率过低,企业根本没有资金做市场宣传、推广等。同时,国有体制给这些老国货带来很多制约,企业的经营管理能力差,无法和外资品牌相比,企业的研发、生产、销售等方面与市场严重脱节。而这几乎是老国货化妆品面临的集体尴尬。

2004年,百雀羚曾经做过一次全国性的市场调研,调研团队从一线省会到三线城镇,共走访了全中国30多个城市,寻找百雀羚在顾客心中的价值。此举得到了年轻人的反馈,认为企业僵化,品牌形象过于老旧,没有创新,无法吸引年轻人,认为百雀羚"品质很好、形象太土"。调查结果喜忧参半,令百雀羚欣慰的是从调查中发现顾客们对于百雀羚的产品质量是很信赖的,毕竟几代人用过,都觉得很好,因此,消费者对百雀羚产品的品质是信赖的,说明品牌与消费者的情感纽带还在。但主要的问题是品牌的形象,如何树立品牌形象是管理阶层面对的新问题。也就是说,在保持产品品质的基础上，如何打开市场，让消费者觉得品牌不过时，有新意，成为品牌发展的首要任务。于是，百雀羚调整方针，对品牌进行新的定位，撕掉"老化"标签，为年轻女性做草本类的天然配方护肤品，体现在其"草本护肤"的品牌定位和"天然不刺激""温护肤"的护肤理念上，来迎合当下的消费潮流以及年轻人的消费需求。

百雀羚通过对品牌、产品、渠道、传播等方面的重新定位后，重返主流市场。2013年，习主席的夫人彭丽媛女士在参观非洲坦桑尼亚"妇女与发展基金会"时，送出的三件礼物格外引人注目——珍珠礼盒、护肤品"百雀羚"礼盒、大熊猫图案蜀绣。此新闻播出后，百雀羚迅速走红，在国内掀起一股追捧热潮，百雀羚在许多城市被卖断货，在众多网络销售渠道，也瞬间成为热销品，甚至许多淘宝店家的库存也被抢购一空，由此，作为"国礼"送出的百雀羚品牌声名鹊起，并掀起了一股国货复兴潮。

例如，广东飘影实业有限公司收购了老国货孔凤春，并从2008年开始走上品牌复兴之路，包括推出"御方本草"新产品，重金请明星孙菲菲代言，以及在渠道上布建专卖店、百货专柜以及精品店等。而老品牌双妹，重新定位为"奢侈品"，推出了"天价"个人护理产品，并打造专业店。在国货复兴热的浪潮下，大批老国货品牌纷纷推出新产品系列和新包装，佰草集、相宜本草等新国货也借机扩大市场。老字号品牌正在以全新的面貌回到大众视野。

随着我国经济实力的增强，中国的文化"向心力"也不断增强，在文化愈发自信的背景下，有着良好历史底蕴的化妆品"老字号"品牌发展迎来了复兴的契机。

第三节　百雀羚——品牌重塑与创新

一、产品重塑——定位东方之美的时尚产品

（一）明确产品定位，开发新产品

在百雀羚品牌重塑的过程中，首先就是研发新产品，进行产品创新。

推出新产品的前提是对消费者需求的准确把握。由于新时期的消费者接受了"水乳

霜"概念，"天然配方"产品理念随之流行。而百雀羚最初原材料恰取自《本草纲目》植物成分，与"天然配方"需求吻合。因此，百雀羚的优势品牌就体现在其配方上。于是，百雀羚在进行市场分析之后，把产品定位表述为："为年轻女性做草本类天然配方护肤品，功能专注于保湿。"

2008年，百雀羚开始启用全新的品牌定位"草本护肤"，并推出系列护肤产品，一方面，消除人们对老国货产品的固有印象，如香味过于浓郁，质地不够清爽等；另一方面，迎合年轻消费者的需求。百雀羚草本系列，从草本种植基地的严格甄选到优质草本的新鲜采摘，从草本精华成分的创新提取到产品配方的精心研制都严格把关（图10-7）。

图10-7 百雀羚草本系列产品

对年轻消费者来说，产品好的配方还不够，货架上吸引目光的首先是产品外观。于是，百雀羚找设计师重新为草本系列设计新包装，加入"天圆地方"有传统文化特色的故事元素，材质从塑料瓶变为玻璃瓶，并使用亚克力复合双层盖。由此，产品包装天圆地方的设计、色彩的运用，每一步都下足了功夫，从而实现时尚变身。

2013年11月，百雀羚天圆地方瓶系列新包装获亚洲规模最大的广告创意大奖"金投赏"金奖。这个系列原本是百雀羚为进一步结合产品理念而设计。一方面，跟"天然安全、草本护肤"的品牌思想相契合，另一方面，对产品包装赋予"天人合一"这样可传播的故事性概念。这对消费者来说，同样是一个口碑扩散的源头。

从定位到研发到最终上市，百雀羚草本系列产品运作花了近四年时间。从2008年开始，草本系列年均增长率已达70%。升级后的百雀羚，单品扩展到上百个，完成了经典、草本、水嫩三系列梯级设置。当时，百雀羚品牌下的经典产品及水嫩倍现、水嫩精纯等系列仍然显得过于单薄，价位范围也趋于单一。于是，百雀羚选择建立多品牌矩阵策略，在百雀羚品牌之外，2010年推出定位中端、主打美白功效的"气韵"；2013年推出针对年轻消费者的文艺清新风格品牌"三生花"；2015年推出高端品牌"海之秘"。2016年4月，百雀羚集团旗下针对CS渠道（品牌集合店）推出的高端本草护肤品牌"气韵"提出"本草美白"理念，并推出肌源奢白系列，精准定位"本草美白"。而针对CS渠道的系列产品有水活能量系列、水凝润养系列、水盈保湿系列、恒采新颜系列、复颜晶白系列以及透感靓白系列，SKU（库存量单位）多达60个。而海之秘系列以海洋能量为独特品牌定位，推出深海珍萃肌源系列等多款新品，产品线覆盖保湿、美白、修护等细分品类，SKU多达88个。

虽然对产品进行了较为彻底的革新，但是在品牌理念上，百雀羚并没有抛弃历史的资产，产品配方天然，品质可靠，展现东方之美的品牌形象，仍然是百雀羚品牌赖以生存的最宝贵资产。

如今的百雀羚今非昔比，已经成为真正家喻户晓的品牌。百雀羚成功借助自己老字号品牌的信赖度获得重生，回到大众的视野。

（二）产品价格差异化

百雀羚产品面对不同消费人群均有自己适合的产品，既有小铁盒这样怀旧的低价产品，也有气韵系列这样比较高价位的高端产品。让消费者在购买百雀羚产品的同时，也能感受到老字号品牌的怀旧气息。不同的用户层次，有不同的消费需求。而百雀羚针对用户不同的消费需求，推出了不同的系列产品，产品价格也有所不同。

例如，在商超大卖场铺货最多的是水嫩倍护和草本保湿系列，这也是百雀羚的主打系列，价格较低，针对的是购买力相对较低、需求层次也相对较低的年轻消费者。针对中高端的用户群体，百雀羚推出了价格较高的水嫩精纯和水能量系列来驱动消费者的购买。

2008～2011年，百雀羚的产品线继续增加了水嫩倍现、水嫩精纯、男士等系列产品，并推出了79～199元这种中档价格带的产品，从而提升了整体毛利。

百雀羚的"三生花"产品系列，从包装到品牌概念则更贴近年轻人，品质感也更强。"三生花"品牌在2013年推出的桂花、兰花和山茶花3支护手霜组成的礼盒，定价79元，借助双11在天猫旗舰店上市之初，10万盒的备货在1个小时之内售罄——让百雀羚自己都感到意外。这个结果也让"最挑剔"的渠道方屈臣氏盯上了"三生花"。2015年，屈臣氏主动寻求与百雀羚合作，将"三生花"作为屈臣氏定制产品在其门店销售（表10-1）。

表10-1　百雀羚的产品特征及其价格区间

品　牌	主打功效	目标人群	主要销售渠道	价格范围（元）
百雀羚 草本	补水保湿	18～35岁年轻女性	大型商超	10～100
三生花	护手霜、保湿、彩妆	90后消费者	天猫、屈臣氏	60～200
气韵	美白	中高端消费者	微商、CS专营店	100～200
海之秘	海洋护肤	高端消费者	百雀羚商城	100～300

二、渠道重塑——线上线下多业态发展

老国货的衰弱，与渠道铺货不到位、消费者购买不便也有很大关系，因此，渠道扩张和变革也成了百雀羚年轻化必经之路。2008年，佳雪、丁家宜等本土品牌在商超销量增长进入瓶颈。除相宜本草外，少有本土日化在超市渠道有大动作。这为新生后的百雀羚在超市渠道找到了一个相对空白地带。与此同时，百雀羚的产品升级、价格提升也增加了渠道利润，因此也赢得了经销商的支持。

众所周知，以百雀羚为代表的日化国货老品牌基本上都是品种单一、价格低廉，这导致经销商由于利润空间低而不愿意接手推广，而作为化妆品销售主流渠道之一的超市因为费用太高而被迫不断地萎缩。因此，国产化妆品基本上都被排挤到三四线及以下市场的化妆品专营店渠道。那么，百雀羚是如何使经销商愿意经销产品的呢？据了解，百雀羚吸引经销商的原因是"原料、配方、设备都是进口"；且会派出讲师为经销商下派导购们开设培训课，经销商对这种"双赢"方案很满意。另外，百雀羚并未给代理商很大的利润空间——扣除导购费，代理商利润率只有6%，低于其他本土品牌。但是它把渠道费更多投放到给消费者的赠品上，这种促销手段在二三线城市很受用。此外，百雀羚也尽量避免打折，折扣最低不超过8折。顾客会等你下批打折时再买，这非但不能提升销量，还会减少。

目前，百雀羚主要的产品销售渠道是通过KA（大型连锁，如沃尔玛、家乐福等）、CS（屈臣氏、娇兰佳人等连锁专营店）和电商渠道上售卖完成。

传统的日化品牌大多走KA渠道，以品牌代理或者直营模式开店为主，这类渠道有一定优势，但需要广泛撒网经营的日化品牌精力难以专注到门店的精细化运作中。在电商平台冲击下，KA渠道增速明显放缓。

在现有的三类渠道中，CS渠道过去由KA渠道代理商负责，由于CS渠道客单价比KA渠道高10%~15%，串货过多，百雀羚随后将CS渠道代理商独立管理。渠道彻底分清后，在货品上也做出区隔，CS渠道以套装为主。截止到2018年2月，百雀羚之有五大品牌入驻CS渠道，并计划通过CS渠道推出上百款新品，在专业团队、针对性政策上也进行了布局。可见，CS是百雀羚的重要渠道。

电商渠道是百雀羚的主营战略渠道之一，相对于其他本土化妆品品牌，顺应社会互联网思维，百雀羚较早在线上进行了。

2010年10月，百雀羚旗舰店在淘宝商城正式开张，一直以来，百雀羚在电商美妆领域一直保持不俗的表现。

2011年，百雀羚和多家知名的互联网平台如天猫、京东等电商平台合作，主要面对"80后"、"90后"年轻群体，通过各种新媒体运营手段，传播自己的品牌理念，大力宣传百雀羚的草本产品，销售额和品牌建设同时抓起，最终形成了销售与品牌的连带效应，成功突破了自己。

2017年，百雀羚电商以"双11"当天天猫旗舰店2.94亿元（2016年1.45亿元）的交易额，超过自然堂、兰蔻、雅诗兰黛等国内外品牌，牢牢占据"双11"美妆行业榜首，实现"双11"美妆类三连冠。可以预见，未来电商将成为百雀羚重要的销售渠道。

三、形象重塑——利用新媒体，打造品牌新形象

百雀羚主要通过广告、代言人等传播形式来巩固自身的品牌形象，一方面力图唤起怀旧情结，另一方面新增了中国传统元素。

在唤起怀旧情怀上，保持部分产品的传统包装，比如百雀羚护肤脂这样的老产品，依旧使用几只小鸟的老图标，甚至保留了小铁盒和盒内那层锡箔纸这样的传统包装，保留了人们记忆深处的传统品牌识别标识。对于新推出的系列，在宣传中主要突出草本护肤的理念，例如新产品水嫩倍现系列、草本精粹系列、气韵草本系列，这些产品采用了典型的中国传统元素，包装以绿色为主要基调，配以植物的图案，在广告中也突出了这一特点。这两方面的宣传重点都通过品牌识别要素来反复告知消费者。品牌所代表的意义、个性、品质和特征能产生品牌价值，这种价值虽然看不见、摸不着，但能为品牌拥有者创造大量的超额利益。百雀羚八十多年来的发展累积了独特的品牌资产，并通过多种渠道将品牌信息传递给消费者，从而达到营销目的。

作为经典老国货，百雀羚在品牌传播的过程中把握将传统中医理念与现代科技相结合的特点，提出"传承"的概念，将品牌产品与东方之美相联系，强调"东方美学"，在其86年品牌盛典中，百雀羚更是提出了"东方有大美"的品牌理念。

在《东方之美看我的》这则短片中，百雀羚将传统文化中的经典元素京剧、刺绣、琵琶与滑板、走秀、摇滚等现代流行相互碰撞，让传统文化更具现代精神，不仅展现出传统文化在现代复兴的新可能模式，还与百雀羚的产品特点相联系，进一步加强了消费者对于百雀羚的品牌印象和好感度。

（一）邀请明星代言，展现品牌个性

在销售渠道打开后，如何传递百雀羚已变得年轻、时尚的品牌新形象成为下一个策

略。2011年，百雀羚80周年之际，签约莫文蔚为代言人，启用莫文蔚代言草本护肤系列，希望莫文蔚的"国际范儿"与百雀羚的"东方美"擦出火花，广借名人效应，把新形象推向大众视野。

随着莫文蔚典型东方美女代言广告的热播，沉睡在消费者心中已久的经典百雀羚似乎一夜之间"复活"了。2014年，百雀羚又邀请周杰伦与李冰冰代言，增加了品牌的时尚、青春元素。作为国际电影节红毯和国际大片的宠儿，李冰冰充分展现了东方美所具有的独特魅力、摩登与婉和，充分演绎了百雀羚一直推崇的东方和谐之美。而周杰伦作为超级明星，通过其年轻、时尚、有活力的气质，彰显出百雀羚青春、时尚的品牌内涵，为品牌树立起更加年轻化的形象，让百雀羚更加贴近年轻消费者。明星携手的全新代言模式，共同诠释了百雀羚的东方美，开启了百雀羚时尚化、年轻化的道路，标志着百雀羚将以时尚、年轻、国际的形象贴近消费者。

同时，得益于代言人的名人效应，百雀羚开始真正走进流行文化和社交媒体。

（二）品牌的综艺冠名，打响品牌知名度

从2010年开始，百雀羚先后在几大热门节目上大力投放广告，包括湖南台的《超级女声》、浙江卫视的《中国好声音》等节目，迅速吸引百雀羚的目标客户群体的关注。这些节目都是"80后""90后"年轻人关注的焦点，在这里投放广告就使广告变得更加有针对性。

2015年，百雀羚斥资1.8亿元再度获得《中国好声音》第四季独家特约权。除此之外，百雀羚还斥资1.65亿元拿下《快乐大本营》首席特约，进一步锁定"80后""90后"，继续扩张娱乐营销的版图，足见其想要攻占年轻消费者排位的决心。

2012~2015年，百雀羚连续四年投放《中国好声音》，依次付出7000万元、1.53亿元、1.8亿元、2.6亿元广告费。百雀羚品牌通过占据独家特约位置，品牌录出一度盖过冠名商加多宝（图10-8）。

图10-8　百雀羚牵手"中国好声音"节目

从全年的广告投放费用上看，2011年，百雀羚拿出了营销费用的30%投放广告，全年用于品牌推广的宣传、营销费用达1.5亿元；2014年，百雀羚广告投放费用为3.8亿元；2015年这一数据上升至6.8亿元；2016年投放费用在10亿元左右。目前，百雀羚的广告宣传覆盖了主流App开机广告、机场展示牌、重要纸媒整版广告等。

（三）"国礼"荣誉，为品牌增添光彩

2013年，百雀羚作为"国礼"被彭丽媛女士带到坦桑尼亚，让民族品牌广受关注。由此，作为国礼送出的百雀羚迅速蹿红，产品受到消费者热烈追捧，部分品种卖到断货。百雀羚在极短的时间之内被贴上"国货骄傲"和"国货第一"等标签。之后几年，百雀羚的发展上了快车道。

2015年，在驻华使馆联谊会上，百雀羚再次作为"国礼"被赠予外国使节，向世界展现东方美学之道，也体现了官方对百雀羚品质的认可。

百雀羚顺势推出了国礼套装，让消费者享受国礼的待遇，改变对老品牌的固有印象，提升品牌的影响力。其外包装礼盒采用中国传统的中国红作为底色，四周配以浮雕花纹，中间是金黄色的圆形品牌标识。中国红象征着吉祥、和谐、浪漫，金黄色象征着尊贵的地位，外方内圆的形式代表着"天圆地方"的理念，而盒中在玉上刻有百雀羚的品牌标识，寓意百雀羚高贵、美好、天然的品质。"国礼"套装的每一个细节都带有深刻的传统文化烙印，把传统文化元素形象融入品牌中，展现了东方大国的文化底蕴和民族气质，提升了百雀羚民族品牌的形象。

（四）借助网络传播，更潮更酷的方式来和年轻人沟通

百雀羚品牌的重新复苏，除了传统媒介的宣传之外，更多得益于网络这个平台，网络的便利使得它容易被更多的人所关注，从而为其品牌重塑提供了有利条件。

百雀羚的网络传播平台包括：百雀羚官方网站、论坛、淘宝等网店、视频网站以及讨论国货的QQ群。

官方网站清新优美，以绿色为主要色调，包括了视频、图片、文字等。消费者进入该网站，就能看到百雀羚的发展历程、新闻动态、产品介绍等，从而轻松获取自己想要的信息（图10-9）。

图10-9　百雀羚官网图片

各类国货论坛也是百雀羚的传播平台，比如"琳琅国货论坛"，豆瓣网上的"经典国货小组""国货护肤小组"，喜欢国货的网友在上面热议各自喜爱的产品。

2017年5月7日，微信号"局部气候调查组"发布了为百雀羚制作的画风清奇、一镜到底的民国风长图《1931》刷爆朋友圈。该广告以1931年的上海为背景，讲述了一个刺杀"时间"的故事。主人公阿玲在卖报、游行的

图10-10　2017年百雀羚的广告《1931》

人群中悄悄与组织接头，并在中餐、西餐等历史知识的掩护下，锁定并一枪击毙敌人。最后，以阿玲说的"我的任务就是与时间作对"，来推广百雀羚"与时间作对"的品牌宣言，并宣传了母亲节促销的定制礼盒"月光宝盒"套装（图10-10）。

最近两年，百雀羚还逐步将焦点移至数字化媒体，几乎用遍了所有与年轻人有关的社交传播：如微博互动、直播、热点营销，甚至在聚集大量年轻人的bilibili（知名视频弹幕网站）开设账号，打上"我是小仙女，我不管"的标签。

百雀羚品牌知名度的提高，与百雀羚抓眼球的广告和有趣宣传不无关联，改变了以往老字号保守、古板的印象，让87岁的百雀羚成功完成了品牌年轻化的转型。

四、积极拥抱互联网，迎接新零售时代

作为中国本土护肤品的代表，百雀羚在2017年的业绩再创新高，集团总业绩实现177亿元，增长28%。在新零售时代，百雀羚推出品牌发展新战略目标，重构化妆品的人、货、场的关系，应对消费升级和新的需求，打造更好的体验场景。

（一）借助互联网，开发新品

百雀羚在电商渠道开发出了一系列口碑产品。

例如，三生花便是基于大数据孕育而生的新产品。与百雀羚品牌不同，三生花品牌诞生于互联网时代，视觉设计有别于百雀羚一直以来的"草本"定位，而是更为契合时下消费者的喜好。在决定品牌定位的过程中，借助天猫的数据分析工具，百雀羚洞察电商消费者的需求。由此，三生花在2012年推出了三支装的护手霜礼盒，品质也比电商市场同类产品更有优势，短短数天时间便卖出了近10万套。针对这些用户，百雀羚电商团

队总结了他们的特征，包括年龄、区域分布和评价等，结果发现他们的年龄段在18～25岁，以白领和学生为主，重视产品品质，且对产品形态有较强的偏好。

2013、2014年，三生花又陆续推出了花露水和面膜等产品，形成了自己的产品矩阵。2015年，三生花从线上走向线下，以品牌身份入驻屈臣氏。经过市场调研，包括购物偏好、年龄层和区域分布等在内，三生花与屈臣氏的消费人群高度重合。

百雀羚还借电商大数据摸准消费者需求，在产品端做出快速反应。2015年，根据京东"面膜使用趋势分析图"，推出"小雀幸"系列面膜，甚至精准到"用户愿意一次购买片数，及用户接受的整个价位"；依靠京东"数据罗盘"，及时在后台跟踪电商转换率、行业排名等。"小雀幸"面膜，她有着小清新的包装，还有足够抓人眼球的品牌定位，在短时间内销售量突破了百万。

（二）激活"小人物"，用普通人的口碑力量

互联网时代，人人都能发声、成为品牌代言人。流于表面的迎合年轻人是徒劳的，而重视普通人的力量，与他们真诚互动、找到共鸣，是百雀羚网络传播的最打动人心之处。

2014年"三八"节前后，百雀羚店铺的店招、首页轮播图、宝贝页顶通等店铺最显眼的地方全部悬挂上了"选择百雀羚，美过黄永灵"的广告牌。

一夜之间"黄永灵"铺天盖地，紧接着，客服每天都被无数消费者和同行询问黄永灵是谁。10天之后，黄永灵身份揭晓：既不是明星，也不是大美女，而是百雀羚旗舰店的一名文案。从性格内向、沉默寡言，到幽默自信，成为团队名副其实的开心果、公司男同事们公认的"司花"。

一系列精心策划的故事，就是为了达到最终的品牌效应——贩卖"自信"。这种普通人的自信往往比大明星更容易打动人，由此带来了惊人的转化率——天猫当日销量380万元。

2015年"双11"，百雀羚电商还成立一个叫"万万没想到"的部门，专门收集用户反馈，筛选后进行满足。这些被"一对一"满足过的消费者，在互联网时代产生了涟漪般的口碑效应。

2017年"双11"之后，百雀羚又顺势推出了短片《你应该骄傲》，通过诉说现实中的故事，来直击用户的痛点，点燃人们为努力的自己、强大的祖国而骄傲的情感，在最后带出三连冠的百雀羚，值得国人骄傲的国货品牌，让品牌定位深入人心。

百雀羚专注挖掘传统文化的价值，将传统文化置入现代语境中，用年轻人关注较多的新媒体、视频等方式，通过"反差萌"的设定来让内容更容易被年轻人接受与传播。

这种创意内容传播对于百雀羚的消费群体——更注重感性的女性来说是十分重要的。

（三）个性化定制服务，满足新的消费需求

根据化妆品业内的分析，现在一些国际大牌化妆品越来越难吸引到前沿的消费者，因为消费者更多地会选择欧美一些比较小众的药妆品牌，或者有机精油品牌、医美品牌。也就是说，在如今消费升级的状态下，国际品牌的影响力开始变得越来越小，对于年轻群体来说，对品质和个性表达的追求已经成为重要趋势。

针对不同年轻群体，百雀羚推出了不同的定制化跨界产品。比如针对二次元爱好者，2017年，百雀羚跨界合作设计了洛天依限量产品（图10-11）；另外，还针对特定的品质人群，跟故宫跨界合作设计了东方簪和燕来百宝奁礼盒等，从而用个性化定制的方式将产品打造成艺术品，以满足消费者对个性和品质的新追求。

图10-11　2017年百雀羚跨界设计推出洛天依限量产品

参考文献

[1] 菲利普·科特勒,等. 营销管理［M］13版. 卢泰宏,高辉,译. 北京:中国人民大学出版社,2009.

[2] 凯文·莱恩·凯勒. 战略品牌管理(第4版)［M］. 吴水龙,何云,译. 北京:中国人民大学出版社,2014.

[3] 王海忠. 品牌管理［M］. 北京:清华大学出版社,2014.

[4] 包昌法,徐雅琴. 服装学概论［M］. 2版. 北京:中国纺织出版社,2011.

[5] 王成荣. 老字号品牌文化［M］. 北京:高等教育出版社,2018.

[6] 孔令仁,李德征,等. 中国老字号［M］. 北京:高等教育出版社,1998.

[7] 王成荣,李诚,王玉军. 老字号品牌价值［M］. 北京:中国经济出版社,2012.

[8] 齐奥尔格·西美尔. 时尚的哲学［M］. 费勇,等译. 北京:文化艺术出版社,2001.

[9] 凯瑟. 服装社会心理学［M］. 李宏伟,译. 北京:中国纺织出版社,2000.

[10]沈铖,刘晓峰. 品牌管理［M］. 北京:机械工业出版社,2009.

[11]李明和. 品牌传播创新与经典案例分析［M］. 北京:北京大学出版社,2011.

[12]余明阳,朱纪达. 品牌传播学［M］. 上海:上海交通大学出版社,2007.

[13]关冠军,祝合良,等. 北京老字号品牌创新发展的路径研究［M］. 北京:中国商务出版社,2016.

[14]朱金,潘嘉虹,朱晓峰. 北宋东京城市商业空间发展特征研究——基于对《清明上河图》的解读［J］. 城市规划. 2013(05):47-52.

[15]张善培. 旧京大栅栏［J］. 国学,2011(06):73.

[16]陈亚荣,孙晶路. 中华老字号品牌价值评估模型［J］. 北京服装学院学报(自然科学版),2013,33(01):58-67.

[17]刘娜. 老字号:中国时尚的历史脉络［J］. 中国商界(上半月),2008.(09):64-66.

[18]刘强. 中华老字号的理解与历史渊源［J］. 现代营销(学苑版),2012.(03):10-11.

[19]吴珊. 中国服装"老字号"兴衰的品牌经济分析［J］. 山西财经大学学报,2007(09):57-63.

［20］王成荣，王玉军．老字号品牌价值评价模型［J］．管理评论，2014.26（06）：98-106.

［21］李飞．中华老字号品牌的生命周期研究［J］．北京工商大学学报（社会科学版），2015，30（04）：28-34.

［22］胡晓云，蔡娴．看"中华老字号"行现代品牌传播［J］．广告研究（理论版），2006.（02）：21-27.

［23］舒瑜．老字号的技艺传承——以北京"盛锡福"皮帽制作为例［J］．西北民族研究，2013.（02）：113-123+170.

［24］万福东，张木子，陈立彬．百雀羚的品牌塑造：传统文化元素的时尚化［J］．公关世界，2017（01）：80-85.

［25］张景云，张希．中华老字号品牌的文化营销：以全聚德为例［J］．商业经济研究，2017（16）：55-57.

［26］李明义，杜树雷．以流通产业结构创新促京城老字号腾飞［J］．北京工商大学学报（社会科学版）2010，25（06）：6-10.

［27］尹庆民．北京商业老字号历史文化背景若干［J］．北京联合大学学报，2002（03）：7-10.

［28］彭博，晁钢令．中国传统老字号品牌激活研究［J］．现代管理科学，2012（03）：90-92.

［29］李程莹，内联升．老字号的再设计与新时尚［J］．中华手工，2017（05）：66-67.

［30］张莹，孙明贵．中华老字号品牌资产增值：一个创新与怀旧契合的案例分析［J］．当代经济管理，2010（4）：21-25.

［31］胡悦．老字号品牌价值评估及价值提升策略研究［D］．浙江财经大学，2017.

［32］杨敏，区晓霞．广东老字号服饰的品牌再生研究，新经济．2014（05）：22-23.

［33］陈思思．基于品牌忠诚度的中医药行业老字号价值评估研究［D］．浙江杭州：浙江财经大学，2016.

［34］郭薪．老字号发展的时尚历史脉络及现实策略研究［D］．东北师范大学，2011.5.

［35］全国"老字号"生存现状：如何创新传承是关键［EB/OL］．2015-08-14. http://www.topbiz360.com/web/html/newscenter/transparent/178521.html

［36］京城老字号的前世今生［N/OL］．北京晚报．2006-04-02. http://news.sina.com.cn/o/2006-04-02/19108593908s.shtml

［37］殷黎杰，胡建，张秋影，郭鹏．中国服装产业 风雨沧桑90年［N/OL］中国服饰报.

2011-07-04. http://fashion.ce.cn/news/cgir/201107/04/t20110704_22519348. shtml

[38] 数据解读中华老字号在现今所面临的困难与机遇,2017-06-15. http://www. sohu.com/a/149095157_99904765.

[39] 中华老字号品牌价值评估首度发布 [N/OL] 2016-12-13参考消息网. http:// news.163.com/16/1213/12/C85QCLFE000187V8.html

[40] 超六成食品类老字号"触网"京东是入驻最多的电商平台 [EB/OL]. 2018-03- 26. http://news.winshang.com/html/063/5989.html

[41] 孙永红. 独家帽技越百年,非遗传承功后人 [N/OL]. 2010-06-11. 北京 青年报. http://www.bjdclib.com/dclib/subjectdb/dhly/newsphoto/201007/ t20100705_33608.html

[42] 中国影像门户 http://service.cicphoto.com

[43] 瑞蚨祥官网 http://www.refosian.com

[44] 内联升官网 http://www.nls1853.com

[45] 恒源祥官网 http://www.hyx1927.com

[46] 老凤祥官网 http://www.laofengxiang.com

[47] 百雀羚官网 http://www.pechoin.com

[48] 盛锡福官网 http://www.cnsxf.com

附录一

商务部认定的北京"中华老字号"企业与注册商标

序号	企业名称	注册商标
1	北京吴裕泰茶业股份有限公司	吴裕泰
2	北京稻香村食品有限责任公司	稻香村
3	北京同升和鞋店	同升和
4	北京王府井百货（集团）股份有限公司东安市场	东安
5	北京盛锡福帽业有限责任公司	盛锡福
6	北京大明眼镜股份有限公司（幸福大街精益店）	精益
7	北京来今雨轩饭庄	来今雨轩
8	北京大明眼镜股份有限公司	大明
9	北京中国照相馆有限责任公司	中国照相馆
10	中国茶叶股份有限公司	中茶
11	北京工美集团有限责任公司王府井工美大厦	工美
12	北京馄饨侯餐饮有限责任公司	馄饨侯
13	北京四联美发美容有限责任公司	四联
14	北京六必居食品有限公司	六必居
15	聚德华天控股有限公司北京柳泉居饭庄	柳泉居
16	聚德华天控股有限公司北京聚德烤肉宛饭庄	烤肉宛
17	北京六必居食品有限公司（桂馨斋食品厂）	桂馨斋
18	北京天福号食品有限公司	天福号
19	聚德华天控股有限公司北京砂锅居饭庄	砂锅居
20	北京华天饮食集团公司（同和居饭庄）	同和居
21	聚德华天控股有限公司北京烤肉季饭庄	烤肉季
22	北京鸿宾楼餐饮有限责任公司	鸿宾楼
23	北京六必居食品有限公司天源酱园	天字牌
24	北京金象复兴医药股份有限公司白塔寺药店	白塔寺药店
25	北京元长厚茶叶有限公司	元长厚
26	北京桂香村食品有限公司	桂香村
27	聚德华天控股有限公司北京玉华台饭庄	首都玉华台
28	北京市西单商场股份有限公司	XDSC
29	北京同春园饭店	同春园
30	北京成文厚账簿卡片有限公司	成文厚
31	北京华天延吉餐厅有限责任公司	华天延吉

序号	企业名称	注册商标
32	聚德华天控股有限公司北京又一顺饭庄	又一顺
33	聚德华天控股有限公司北京峨嵋酒家	峨嵋
34	北京便宜坊烤鸭集团有限公司	便宜坊
35	中国北京同仁堂（集团）有限责任公司	同仁堂牌
36	北京前门都一处餐饮有限公司	都一处
37	北京月盛斋清真食品有限公司	月盛斋
38	北京壹条龙清真餐饮有限公司	壹条龙
39	北京天兴居炒肝店	天兴居
40	北京华鹏食品有限公司	通三益
41	北京大北服务有限责任公司大北照相馆	大北
42	北京市糖业烟酒公司	京糖
43	北京市珐琅厂有限责任公司	京珐牌
44	北京王致和食品集团有限公司	王致和
45	北京内联升鞋业有限公司	内联升
46	北京一得阁墨业有限责任公司	一得阁
47	北京步瀛斋鞋帽有限责任公司	步瀛斋
48	中国全聚德（集团）股份有限公司	全聚德
49	北京瑞蚨祥绸布店有限责任公司	瑞蚨祥
50	荣宝斋	荣宝斋
51	北京张一元茶叶有限责任公司	张一元
52	中盐北京市盐业公司	京晶
53	北京义利食品公司	义利
54	北京戴月轩湖笔徽墨有限责任公司	戴月轩
55	北京市丰泽园饭店	丰泽园
56	北京王致和食品集团有限公司（龙门醋业有限公司）	龙门
57	北京王致和食品集团有限公司（金狮酿造厂）	金狮
58	北京茶叶总公司	TP
59	北京菜市口百货股份有限公司	菜百
60	北京稻香春食品有限公司	稻香春
61	北京市颐和园听鹂馆饭庄	听鹂馆
62	北京龙徽酿酒有限公司	中华
63	北京市豆制品二厂	白玉
64	北京顺鑫农业股份有限公司牛栏山酒厂	牛栏山
65	北京百花蜂产品科技发展有限责任公司	百花

序号	企业名称	注册商标
66	北京红星股份有限公司	红星
67	北京东来顺集团有限责任公司	东来顺
68	北京启元茶叶有限责任公司启元茶庄	启元
69	北京永安茶叶有限公司	馥郁
70	北京茶叶总公司	京华
71	北京仙源食品酿造有限公司	仙源
72	北京红螺食品有限公司	红螺
73	北京二锅头酒业股份有限公司	永丰
74	北京正隆斋全素食品有限公司	正隆斋
75	北京仁和酒业有限责任公司	仁和
76	北京大顺斋食品有限责任公司	大顺斋
77	北京市全素斋食品公司	全素斋
78	北京市食品供应处34号供应部	34号
79	北京市浦五房肉食厂	浦五房
80	北京市北京饭店	北京饭店
81	北京市仿膳饭庄	仿膳
82	北京谭家菜餐饮有限责任公司	谭家菜
83	聚德华天控股有限公司（护国寺小吃店）	京饮华天小吃
84	聚德华天控股有限公司（老西安饭庄）	西安饭庄
85	聚德华天控股有限公司（新路春饭庄）	新路春
86	聚德华天控股有限公司（西四大地餐厅）	华天大地
87	聚德华天控股有限公司（西来顺饭庄）	西来顺
88	聚德华天控股有限公司（曲园酒楼）	曲园
89	北京壹条龙清真餐饮有限公司锦芳小吃店	锦芳
90	北京西德顺饭馆	顺德西
91	北京小肠陈餐饮有限责任公司	小肠陈
92	北京都一处餐饮有限公司力力豆花庄	力力
93	北京市隆福寺小吃有限公司	隆福寺小吃店
94	北京市远东饭店	远东
95	北京市爆肚冯饮食服务有限责任公司	爆肚冯
96	北京清真白魁老号饭庄有限公司	白魁老号饭庄
97	北京翔达南来顺饭庄有限公司	南来顺
98	商务印书馆	图形
99	北京永安堂医药连锁有限责任公司	永安堂

序号	企业名称	注册商标
100	北京鹤年堂医药有限责任公司	鹤年堂
101	北京栎昌王麻子工贸有限公司	王麻子
102	北京红都集团公司	红都
103	北京谦祥益丝绸有限责任公司	谦祥益
104	新华书店总店	新华书店
105	北京艺嘉仓储有限责任公司	懋隆
106	北京市地毯五厂	云鹿
107	北京星海钢琴集团有限公司	星海
108	北京东华服装有限责任公司建华皮货服装分公司	雪花
109	北京光华宝石鞋业有限公司	宝石
110	北京德寿堂医药有限公司	德寿堂
111	北京市龙顺成中式家具厂	龙顺成
112	北京红都集团公司	蓝天
113	北京步瀛斋鞋帽有限责任公司	马聚源
114	北京造寸服装服饰有限公司	造寸
115	北京市紫房子婚庆有限公司	紫房子
116	北京华女内衣有限责任公司	华女
117	北京雪莲羊绒股份有限公司	雪莲

注：北京市第一批（2006年）认定的"中华老字号"67家（表中1~67），第二批（2010年）认定的"中华老字号"50家（表中68~117），总计117家。

附录二

北京地方老字号一览表

序号	企业名称	注册商标	创办时间	经营主项
1	北京吴裕泰茶业股份有限公司	吴裕泰	1887年	茶叶及茶制品
2	北京稻香村食品有限责任公司	稻香村	1895年	制造、加工烘烤食品
3	北京同升和鞋店	同升和	1902年	制造、销售鞋类
4	北京王府井百货（集团）股份有限公司东安市场	东安	1903年	销售百货、针织、五金、工艺美术品
5	北京盛锡福帽业有限责任公司	盛锡福	1911年	制帽、销售服装、鞋帽
6	北京大明眼镜股份有限公司（幸福大街精益店）	精益	1912年	制造、加工钟表、销售钟表、眼镜
7	北京大明眼镜股份有限公司	大明	1937年	验光配镜
8	北京工美集团有限责任公司王府井工美大厦	工美	1953年	销售工艺美术品、珠宝玉石
9	北京市糖业烟酒集团有限公司	京糖	1949年	销售糖、酒
10	北京红都集团公司	红都	1941年	加工、制造、销售服装服饰
11	北京东华服装有限责任公司建华皮货服装分公司	雪花	1927年	制造、加工、销售服装
12	北京红都集团公司	蓝天	1941年	加工、制造、销售服装服饰
13	北京造寸服装服饰有限公司	造寸	1930年	加工、制造、销售服装服饰
14	北京华女内衣有限责任公司	华女	1939年	制造、加工、销售服装
15	北京中国照相馆有限责任公司	中国照相馆	1937年	摄影、上色、翻拍、相机修理
16	北京四联美发美容有限责任公司	四联	1956年	美容美发
17	北京大北服务有限责任公司大北照相馆	大北	1921年	摄影、喷绘、相机修理
18	北京市北京饭店	北京饭店	1900年	住宿、餐饮服务
19	北京市紫房子婚庆有限公司	紫房子	1934年	婚庆服务
20	北京便宜坊烤鸭集团有限公司	便宜坊	1416年	餐饮服务
21	北京前门都一处餐饮有限公司	都一处	1738年	餐饮服务
22	北京壹条龙清真餐饮有限公司	壹条龙	1785年	餐饮服务
23	北京天兴居炒肝店	天兴居	1862年	餐饮服务
24	北京东来顺集团有限责任公司	东来顺	1903年	餐饮服务
25	北京谭家菜餐饮有限公司	谭家菜	1874年	中餐
26	北京壹条龙清真餐饮有限公司锦芳小吃店	锦芳	1915年	中餐
27	北京前门都一处餐饮有限公司力力豆花庄	力力	1954年	中餐
28	北京市隆福寺小吃有限公司	隆福寺小吃店	1956年	中餐、小吃

序号	企业名称	注册商标	创办时间	经营主项
29	北京清真白魁老号饭庄有限公司	白魁老号饭庄	1740年	中餐
30	商务印书馆	图形	1897年	图书印刷、出版
31	中国北京同仁堂（集团）有限责任公司	同仁堂牌	1669年	加工、制造、销售中成药及中药饮品
32	北京永安堂医药连锁有限责任公司	永安堂	1416年	零售中成药、中药饮品
33	北京市珐琅厂有限责任公司	京珐牌	1956年	手工加工销售金属工艺品
34	北京市龙顺成中式家具厂	龙顺成	1862年	制造、销售家具
35	北京元长厚茶叶有限公司	元长厚	1912年	销售工艺品、茶具
36	北京桂香村食品有限公司	桂香村	1916年	销售中西式糕点、熟食
37	北京市西单商场股份有限公司	XDSC	1930年	销售百货、针织、五金、工艺美术品
38	北京同春园饭店	同春园	1930年	中餐
39	北京成文厚账簿卡片有限公司	成文厚	1935年	零售邮购公开发行的国内版电子出版物
40	北京内联升鞋业有限公司	内联升	1853年	加工、制造、销售鞋
41	北京步瀛斋鞋帽有限责任公司	步瀛斋	1858年	销售鞋帽、服装、日用百货
42	北京瑞蚨祥绸布店有限责任公司	瑞蚨祥	1862年	销售针纺织品
43	北京张一元茶叶有限公司	张一元	1900年	加工、销售茶叶、茶具
44	北京茶叶总公司	京华	1951年	茶叶分装及加工、销售
45	北京菜市口百货股份有限公司	菜百	1956年	加工、销售金银饰品、工艺美术品、回收黄金、黄金饰品
46	北京稻香春食品有限公司	稻香春	1916年	制造、销售糕点、熟食
47	北京启元茶叶有限责任公司启元茶庄	启元	1923年	销售茶叶
48	北京永安茶叶有限公司	馥郁	1935年	销售茶叶、茶具
49	北京谦祥益丝绸有限公司	谦祥益	1840年	加工、销售服装、针纺织品
50	北京步瀛斋鞋帽有限责任公司	马聚源	1817年	销售鞋帽、服装、日用百货
51	北京市食品供应处34号供应部	34号	1955年	加工、分装、销售蔬菜、粮食
52	北京市远东饭店	远东	1940年	住宿、餐饮服务
53	聚德华天控股有限公司北京柳泉居饭庄	柳泉居	1567年	制售主食
54	聚德华天控股有限公司北京聚德烤肉宛饭庄	烤肉宛	1686年	中餐
55	聚德华天控股有限公司北京砂锅居饭庄	砂锅居	1741年	中餐
56	北京同和居饭店有限责任公司	同和居	1822年	住宿、中餐、小吃
57	聚德华天控股有限公司北京烤肉季饭庄	烤肉季	1848年	中餐
58	北京鸿宾楼餐饮有限责任公司	鸿宾楼	1853年	中餐

序号	企业名称	注册商标	创办时间	经营主项
59	聚德华天控股有限公司北京玉华台饭庄	玉华台	1921年	中餐
60	北京华天延吉餐厅有限责任公司	华天延吉	1943年	餐饮服务
61	聚德华天控股有限公司北京又一顺饭庄	又一顺	1948年	中餐
62	聚德华天控股有限公司北京峨嵋酒家	峨嵋	1950年	中餐
63	中国全聚德（集团）股份有限公司	全聚德	1864年	餐饮服务
64	北京市丰泽园饭店	丰泽园	1930年	餐饮服务
65	北京市仿膳饭庄	仿膳	1925年	餐饮服务
66	聚德华天控股有限公司（护国寺小吃店）	京饮华天小吃	1956年	中餐
67	聚德华天控股有限公司老西安饭庄	西安饭庄	1954年	中餐
68	聚德华天控股有限公司（西四大地餐厅）	华天大地	1945年	西餐
69	聚德华天控股有限公司（西来顺饭庄）	西来顺	1930年	中餐
70	聚德华天控股有限公司（曲园酒楼）	曲园	1890年	中餐
71	北京市爆肚冯饮食服务有限责任公司	爆肚冯	清光绪年间	中餐服务
72	北京小肠陈餐饮有限责任公司	小肠陈	20世纪30～40年代	制售卤煮
73	北京翔达南来顺饭庄有限公司	南来顺	1937年	中餐
74	北京义利食品公司	义利	1906年	制造、加工、销售糖果、糕点、面包
75	北京六必居食品有限公司	六必居	1530年	加工、销售酱制品、调味品
76	北京六必居食品有限公司（桂馨斋食品厂）	桂馨斋	1736年	加工、销售酱制品、调味品
77	北京天福号食品有限公司	天福号	1738年	加工、销售熟肉制品、豆制品
78	北京六必居食品有限公司天源酱园	天字牌	1869年	加工、销售酱制品、调味品
79	中盐北京市盐业公司	京晶	1949年	批发、零售食盐
80	北京王致和食品集团有限公司（龙门醋业有限公司）	龙门	1820年	加工、销售酱制品、调味品
81	北京王和致和食品集团有限公司（金狮酿造厂）	金狮	1938年	加工、销售酱制品、调味品
82	北京正隆斋全素食品有限公司	正隆斋	1946年	生产、销售中西式糕点
83	北京一得阁墨业有限责任公司	一得阁	1865年	制造、销售墨汁、墨块
84	荣宝斋	荣宝斋	1894年	收购、零售、批发、函售古今书画、古玩
85	北京戴月轩湖笔徽墨有限责任公司	戴月轩	1916年	生产毛笔、销售湖笔、徽墨
86	北京金象复兴医药股份有限公司白塔寺药店	白塔寺药店	1872年	销售中成药、西药制剂、中药饮片

序号	企业名称	注册商标	创办时间	经营主项
87	北京鹤年堂医药有限责任公司	鹤年堂	1405年	销售中成药、中药饮品
88	北京德寿堂医药有限公司	德寿堂	1934年	销售中成药、中药饮品
89	北京市地毯五厂	云鹿	1956年	加工、制造、销售地毯
90	北京红星股份有限公司	红星	1949年	制造销售酒类
91	北京艺嘉仓储有限责任公司	懋隆	1946年	销售百货、工艺美术品
92	北京市颐和园听鹂馆饭庄	听鹂馆	1750年	冷荤、热菜、糕点、主食
93	北京王致和食品集团有限公司	王致和	1669年	生产、销售豆制品
94	北京月盛斋清真食品有限公司	月盛斋	1775年	销售牛羊肉
95	北京市豆制品二厂	白玉	1956年	加工、销售豆制品
96	北京仙源食品酿造有限公司	仙源	1918年	制造、销售酱制品、调味料
97	北京顺鑫农业股份有限公司牛栏山酒厂	牛栏山	1952年	制造、销售白酒
98	北京百花蜂产品科技发展有限责任公司	百花	1919年	加工、销售蜂蜜及蜂蜜制品
99	北京红螺食品有限公司	红螺	1909年	研制、加工、销售果脯、蜜饯
100	北京仁和酒业有限责任公司	仁和	1862年	制造酒、果汁、饮料
101	北京栎昌王麻子工贸有限公司	王麻子	1651年	制造、销售刀剪
102	北京光华宝石鞋业有限公司	宝石	1889年	制造、销售鞋
103	北京市北冰洋食品公司	北冰洋	1936年	加工、制造冷饮、饮料
104	春华泰（北京）文化发展有限公司	春华泰	1944年	组织文化艺术交流、会议服务
105	北京大和恒粮油贸易有限公司	大和恒	1915年	销售定型包装食品、货物进出口
106	北京古船油脂有限责任公司	古币	1954年	制造、销售粮食、食油
107	北京金漆镶嵌有限责任公司	金龙	1956年	制造、加工、销售金漆镶嵌家具
108	北京东颐食品厂	庆福斋	1912年	销售包装食品
109	北京信远斋饮料有限公司	信远斋	1740年	加工、销售果汁饮料
110	中国书店		1952年	销售、收购、出版、修补古旧书刊
111	北京杜顺堂木作文化创意发展有限公司	杜顺堂	1901年	销售家具
112	北京福景制衣有限公司	福景	1952年	加工、销售服装
113	北京翔达投资管理有限公司清华池浴池	清华池	1905年	洗浴、理发、修脚
114	北京润思程御品文化有限公司	贺莲青	1830年	制造、销售笔
115	北京同兴和古典家具有限责任公司	同兴和	1835年	制造、零售木质家具
116	北京博古斋茶文化发展中心	博古斋	1845年	零售茶叶、茶具、工艺美术品
117	北京市茶汤李餐饮管理有限公司	茶汤李	1858年	餐饮管理
118	北京东方饭店	东方饭店	1918年	住宿、中餐服务

序号	企业名称	注册商标	创办时间	经营主项
119	北京市第五肉类联合加工厂	大红门	1955年	加工、销售肉制品
120	北京市西城区东兴顺爆肚张	东兴顺爆肚张	1883年	爆肚
121	北京古船食品有限公司	古船	1931年	加工、销售粮油
122	北京锦馨清真餐饮有限公司	锦馨	1910年	餐饮服务
123	北京聚元号弓箭店	聚元号	1721年	民间工艺品制作
124	北京艾森绿宝油脂有限公司	绿宝	1955年	生产、销售食用植物油
125	北京南新仓商贸有限公司	南新仓	1409年	销售百货、针织、五金、工艺美术品
126	北京清秘阁有限公司	清秘阁	1743年	零售、代销工艺美术品
127	北京庆丰包子铺	庆丰	1948年	中餐
128	北京市南苑达美服务有限责任公司双兴堂浴池	双兴堂	1916年	浴池、理发服务
129	北京瀛厚德食品有限责任公司	瀛厚德	1955年	加工、销售烤鸭、果脯、熟食
130	北京市通州小楼饭店	椰枣	1900年	中餐、小吃服务
131	北京正兴德茶叶有限公司	正兴德	1738年	批发、零售茶叶、茶具
132	北京市前门化工原料有限公司	前门	1956年	销售化工原料
133	北京市印章艺术公司萃文阁印章艺术商店	萃文阁	1930年	制造公章
134	北京东华服装有限责任公司东华服装分公司	东华	1946年	销售百货、针纺织品
135	聚德华天控股有限公司北京华天马凯餐厅	马凯	1953年	中餐
136	北京翠微大厦股份有限公司惠丰堂饭庄	惠丰堂	1858年	餐饮服务
137	北京郎悦大通餐饮有限公司	大通饭庄	1667年	餐饮服务
138	北京甘家口大厦有限责任公司	甘家口大厦	1956年	销售百货
139	北京方庄酒厂	德兴勇	1869年	制造、销售白酒
140	北京东升平洗浴有限责任公司	东升平	1907年	洗浴、理发服务
141	居仁堂京瓷（北京）文化有限公司	京彩瓷	1916年	组织文化艺术交流活动、展览及会议服务
142	北京市美术红灯厂有限责任公司		1806年	制造、销售宫灯、灯笼
143	北京三庆园文化发展有限公司	三庆园	1796年	组织文化艺术交流活动
144	北京宜诚厚商贸有限公司	祥义号	1896年	销售百货、针纺织品
145	北京聚成永食品有限公司	聚成永	1952年	生产蒸煮类茯苓系列糕点
146	北京致美楼饭庄有限责任公司	致美楼	1842年	餐饮服务
147	北京泰丰楼饭庄有限公司	泰丰楼饭庄	1874年	中餐服务

序号	企业名称	注册商标	创办时间	经营主项
148	北京红螺食品有限公司	聚顺和	1909年	研制、加工、销售果脯、蜜饯
149	北京红都集团公司	双顺	1917年	加工、制造、销售服装服饰
150	北京启元茶叶有限责任公司庆林春茶庄	庆林春	1927年	销售茶叶
151	北京红星酿酒集团公司	五星	1915年	生产、销售啤酒

注：1. 商务部共认定了北京市117个中华老字号，附录二中除表前102家之外，中国茶叶股份有限公司、北京来今雨轩饭庄、北京馄饨侯餐饮有限责任公司、北京华鹏食品有限公司、北京市浦五房肉食厂、北京市全素斋食品公司、聚德华天控股有限公司（新路春饭庄）、北京西德顺饭馆、新华书店总店、北京龙徽酿酒有限公司、北京大顺斋食品有限责任公司、北京星海钢琴集团有限公司、北京二锅头酒业股份有限公司、北京雪莲羊绒股份有限公司等老字号企业系商务部认定的中华老字号企业。

2. 附录一和附录二的内容来源商务部业务系统一平台网站：http://zhlzh.mofcom.gov.cn 及 http://zhlzh.mofcom.gov.cn/searchNews.do?method=newsContent&id=37659 该平台有关老字号认定的相关内容在不断更新和完善。